꼬레아, 코리아

꼬레아, 코리아

서양인이 부른 우리나라 국호의 역사

오인동 지음

cum libro
책과함께

오늘날 우리나라의 로마자 국호는 Korea이다. 1948년에 수립된 이
래 대한민국은 공식 영어 명칭을 'Republic of Korea', 줄여서
'Korea'로 표기하고 있다. 그런데 지난 2002년 한일 월드컵 축구대회 때
'Corea'라고 쓰인 응원 띠가 등장하고 '오 필승 꼬레아'라는 응원가가
울려 퍼지면서, 우리나라의 로마자 국호를 Corea로 해야 한다는 주장이
제기되었다. 더 나아가 통일 조국의 로마자 국호를 Corea로 하자는 움직
임도 생겨났다. 그리하여 Korea와 Corea, 이 두 가지 표기를 놓고 논쟁
이 벌어지기 시작했다.

하지만 사실(史實)에 근거한 논쟁보다는 막연한 추측이 대부분이었다.
특히 일본이 일제 강점기에 우리나라의 로마자 국호를 Korea로 바꿨다
는 그럴듯한 주장이 제기되면서 원래 국호인 Corea로 돌아가야 한다는
목소리가 설득력을 얻기도 했다. 그러나 나는 Corea냐 Korea냐를 놓고
논쟁하기 이전에, 우리나라 로마자 국호의 역사를 살펴보는 것이 선행
과제라고 생각했다. 그래서 나는 우선 우리나라를 로마자로 표기한 서양

의 문헌과 지도를 뒤져보기 시작했다.

 문헌과 지도 찾기는, 멀리는 800년대 신라에 왔던 아랍인의 기록을 시작으로 1000년대 고려를 드나든 아랍 상인의 기록과 1200년대 몽골 제국과 교류한 유럽인들이 고려를 라틴어계 언어로 표기한 역사 기록까지 훑는 것으로 이어졌으며, 1500년대 극동에 진출한 유럽 사람들의 서한문과 항해 기록, 저서들도 더불어 살펴보았다. 그 과정에서 옛 포르투갈어 문장을 번역하느라 진땀을 빼기도 했고, 지도 속에 깨알같이 적혀 있는 글자를 읽으려고 확대경을 들이대며 눈을 조아리기도 했다. 엉뚱하게 섬으로 그려진 원시적인 우리나라 지도를 보며 쓴웃음을 지은 적도 있지만, 엉성하게 그려진 반도에 처음으로 Corea라고 표기된 지도를 발견했을 때는 기쁨도 컸다.

 수백 편의 원시적이고 낭만적인 동서양 고지도들을 두루 살피다 보니, 기계처럼 잘 정돈된 현대의 지도에는 선뜻 정이 가지 않았다. 엉성하고 빈틈 많은 옛 지도들에 오히려 정이 갔다. 이런 지도들을 보면서 나는 우리나라 국호의 발자취를 좇는 탐사에 더욱 깊이 매료되었다. 하지만 개항 이후 서방 여러 나라와 맺은 조약문과 각종 외교 문서를 수집하고 로마자로 표기된 국호를 하나하나 확인할 때는, 19세기 후반 우리나라가 서양 제국주의에 휘말리는 모습에 안타까움을 느끼기도 했다.

 미국의 여러 도서관을 뒤지며 사료를 찾았고, 파고들면 파고들수록 새로운 것이 나왔다. 선학들의 값진 연구 업적을 마주할 때는 "아니 그 옛날, 그때에 이런 것까지!"라는 놀라움에 고개가 숙여지기도 했다. 동서고

금을 넘나드는 세계 석학들과의 학문적 교류는 경이와 심오함 그 자체였다. 내가 인공관절 치환수술을 해준 환자가 고통 없이 활달하게 걷는 모습을 보며 느끼는 외과 의사로서의 보람과는 또 다른 기쁨을 맛보게 해주었다.

이렇게 지내기를 5년. 어느덧 내 책상 위에는 1,200년이 넘는 시간의 편린들이 수북이 쌓였고, 끝내 한 권의 책으로 정리하여 펴내자는 생각에 도달하게 되었다. 내가 그동안 발표한 글들을 비롯해 관련 분야 연구자들의 논문이 몇 편 나오기는 했지만, 아직까지 우리나라 로마자 국호의 역사를 본격적으로 다룬 개설서가 없다는 사실을 알고는 용기를 낼 수 있었다. 그러나 이번 연구에서 겪은 한 가지 어려움을 밝혀두고 싶다. 나는 우리나라 로마자 국호들의 표기가 어느 연도의 어느 문헌과 어느 지도에 처음 나왔다는 식으로 본문에 언급해두었는데, 탐구한 현단계에서 그렇다는 것일 뿐이다. 향후 고문서와 고지도가 계속 발견되면 새로운 사실이 밝혀질 것이다.

나는 인문사회과학자가 아니다. 역사학자는 더구나 아니다. Corea에 대한 연구를 통해 우리가 누구이며, 무엇을 어떻게 했고, 어떻게 이웃 나라와 다른지를 알게 되었다. 우리의 정체성을 정립하는 데도 도움이 되었다.

나는 서구와 한국의 관련 분야 석학들과 직접 만나거나 이메일로 의견을 교환하면서 많은 도움을 받았다. 아랍 관계 고문헌을 찾다 만난 한양대 이희수 교수, 한국 관련 서양 문헌을 구하는 데 도움을 준 하버드 대학 호프만(F. Hoffman) 교수, 일찍이 방대한 양의 서양 문헌과 고지도를 섭렵한 해양학자 한상복 교수, 서양의 옛 지도들을 살펴보다가 알게 된 사베네이에(H. Savenije) 단국대 교수, 《서양인이 본 조선》이라는 서지를 저술한 박대헌 영월 책박물관장, 고려 관련 자료를 제공해준 던컨(J. Duncan) UCLA 대학 교수, '高麗'의 발음이 '고리'라는 것을 밝힌 서경대 서길수 교수, 서양인이 본 우리나라에 관한 수많은 저서와 지도를 섭렵한 명지대 연암문고의 정성화 교수, 포르투갈에서 한국학 연구를 하는 양윤선 선생, 내가 원하는 도서들을 끊임없이 마련해준 USC 한국학 도서관의 이정현(Joy Kim) 관장, 클라인(K. Klein) 동아시아 도서관 관장, UCLA 도서관의 구자은, 한미경 사서, 스탠포드 대학 도서관의 전경미 박사, Korea 표기의 언어학적 분석에 도움을 준 독일 괴테 대학 김해순 교수, 초고를 읽고 조언을 해주신 한신대 김상일 교수, 한국에서 나에게 연구 발표의 진로를 열어주었던 고(故) 정운영 중앙일보 논설위원에게 고마움을 표한다. 그리고 이 책 끝에 있는 영문초록을 유려한 문장으로 다듬어 준 나의 아들 지민과 이 책을 집필하면서 참고한 책들의 저자들에게도 두루 감사를 전한다.

역사학의 근처에도 가본 적이 없는 의학도의 무례한 도전에 용기와 격려를 아끼지 않으며 오늘의 이 단행본이 나오도록 이끌어준 한국 역사학의 기둥 강만길 선생에게 머리 숙여 감사드린다. 미국에서 조국의 분단 극복과 통일 문제를 함께 고민하면서 나의 서투른 글쓰기를 바로잡아준 은호기 시사 평론가와는 앞으로도 함께 해야 할 일이 많다. 수많은 고지도와 사진을 스캔해준 배수지, 최희선 선생의 도움도 잊지 못한다. 한국사를 연구하는 장원석 선생의 도움이 아니었다면 이 책은 세상의 빛을 보지 못했을 것이다. 나의 원고를 편집하고 수정해준 강창훈 선생에게도 고마움을 표한다. 끝으로 라틴계 언어와 복잡한 고지도로 가득한 이 원고에 생명을 불어넣어 한 권의 책으로 만들어준 도서출판 책과함께의 류종필 대표에게 감사를 전한다.

이 작은 책자 발간을 계기로 조국의 역사와 풍운을 함께 겪어온 로마자 국호에 대한 더 넓고 깊은 연구가 이루어지기를 바라는 마음 간절하다.

미국 로스앤젤레스 근교 파사데나에서

오 인 동

Corea인가, Korea인가

우리나라의 로마자 국호는 Korea이다. 1948년 남과 북이 각기 '대한민국'과 '조선민주주의인민공화국'을 선포한 이래, 우리나라는 남북 모두 국제 사회에 Korea로 알려져 있다. 그러나 우리나라의 로마자 국호는 Korea가 아니라 Corea여야 한다는 주장이 줄곧 제기되어왔다. 일본이 우리나라를 식민 통치하던 시기에 Corea여야 할 우리나라의 국호를 Korea로 바꾸어 왜곡했다는 것이다. 급기야 2002년 한일 월드컵 축구대회 때 'Corea'로 표기된 응원 띠와 '오 필승 꼬레아'라는 응원가가 등장하면서 거센 논쟁이 벌어지기 시작했다. 그렇다면, 우리나라의 로마자 국호는 Korea인가 Corea인가? 이 의문에 대한 해답은 한국사, 더 나아가서는 세계사의 기나긴 역사적 맥락 속에서 찾아야 한다.

우리나라 로마자
표기에 관한 의문점

오늘날 우리나라의 로마자 국호는 Korea이다. 1948년 8월 15일 '대한민국'이 선포될 당시, 정부는 국제사회에 로마자 국호를 'Republic of Korea'로 천명했다. 같은 해 9월 9일 북위 38도선 북쪽에서 창건된 '조선민주주의인민공화국'은 로마자 국호를 'Democratic People's Republic of Korea'로 표기했다. 그래서 우리나라 반도에 위치한 두 정부는 Korea로 국제사회에 알려지게 되었다. 1991년에는 남과 북 두 정부가 유엔에 동시 가입했는데, 각각 약자로 'ROK'와 'DPRK'로 등재되어 있다.

그런데 2002년 6월, 특기할 만한 일이 벌어졌다. 2002년 한일 월드컵 축구대회 당시 한국은 온통 "대~한민국!"이라는 함성으로 가득 차 있었다. 한국 팀의 경기가 열릴 때마다 경기장은 물론이고 온 나라가 붉은 물결로 출렁거렸다. 그런데 그 물결에서 눈에 띄는 것이 있었다. 한국 팀 응원단 '붉은악마'가 손에 잡고 높이 들어 올린 응원 띠에 'Korea'가 아닌 'Corea'가 새겨져 있었던 것이다. 그뿐 아니었다. 그들이 부른 응원가도 자세히 들어보면 '오 필승 코리아'가 아니라 '오 필승 꼬레아'였다. 왜 갑자기 Corea라는 표기가 등장하게 된 것일까? 붉은악마는 Korea 대신 Corea를 사용한 취지를 설명하면서, "일제의 잔재를 청산하고 대한민국의 정체성과 자존심을 회복하기 위해서는 국호를 Corea로 바꾸어야 한다"고 주장했다.

이때 문득 예전부터 늘 들어왔던 이야기가 하나 떠올랐다. 우리나라의 국호가 원래는 Corea였는데, 올림픽을 비롯한 국제 행사 때 알파벳 순서에 따라 우리나라가 먼저 입장하는 것을 불쾌하게 여긴 일본이 Corea의 C를 K로 바꿨고, 그래서 우리나라의 로마자 국호가 Korea가 되었다는 이야기. 그러고 보니, 붉은악마의 주장이 여기에서 비롯된 것이 아닌가 하는 생각이 들었다.

그렇다면 일제가 올림픽 입장 순서 때문에 우리나라의 로마자 국호를 Korea로 바꾸었다는 주장은 역사적 사실일까? 1910년부터 1945년까지 우리나라의 명칭은 Chosen이었고, 우리의 땅은 '대일본제국' 영토의 일부였다. 따라서 당연하게도, 우리는 올림픽은 물론이고 어떠한 국제경기에도 우리나라의 이름을 내걸고 출전할 수 없었다. 손기정 선수와 같은 조선인들은 일본의 대표로 출전했다. 그러니 위와 같은 주장은 설득력이 없다.

다시 1948년으로 돌아와서 생각해보자. 당시 남측 정부와 북측 정부가 우리나라의 로마자 국호를 Corea가 아닌 Korea로 표기했는데, 그 까닭은 무엇일까? Korea라는 철자가 우리나라 고려 시대의 高麗를 표음하여 생긴 것이라는 사실은 쉽게 추측할 수 있다. 하지만 Korea의 발음 '코리아'는 '고려'와 유사하긴 해도 동일하다고 볼 수는 없다. 그런데도 Korea라는 표기법을 사용한 것은 이 용어에 어떤 역사적 배경이 숨어 있기 때문은 아닐까?

우리나라의 로마자 국호가 Korea로 처음 표기된 것은 언제일까? 그리고 붉은악마가 주창한 'Corea'는 어떤 역사적 배경에서 비롯된 것일까? 이 문제를 풀기 위해서는 먼저 300여 년 전 하멜의 조선 표착 사건으로 거슬러 올라가야 한다.

최초의 Korea

1653년 네덜란드 동인도회사 소속 선원 하멜(Hendrik Hamel, ?~1692)은 일본의 나가사키로 가던 도중 풍랑을 만나 제주도에 표착, 13년 동안 조선에 머물다가 일본으로 탈출했다. 그 후 '하멜 표류기'로 잘 알려진 《스페르웨르 호의 불운한 항해표류기(*Journael van de Ongeluckige Voyagie van't Jacht de Sperwer van Batabia gedestineert na Tayowan in't Jaer 1653 en van daar op Japan)*》가 네덜란드에서 출간되었는데, 이 책에서 우리나라는 Coeree로 표기되었다. 이 책은 조선을 직접 방문한 유럽 사람이 쓴 최초의 본격적인 조선 관계 출판물이었기 때문에 유럽인들의 관심을 한껏 받았고, 유럽 각국의 언어로 번역 출간되었다. 이 책들에서는 우리나라가 주로 Corea나 Corée로 표기되었다. 우리나라를 Korea로 표기한 최초의 문헌은 1671년(조선 현종 12) 독일에서 출간된 '하멜 표류기'의 번역본이다. 이것은 현존하는 문헌 가운데 우리나라가 Korea로 표기된 최초의 기록이다.

하지만 이 책의 Korea는 다른 언어권 책에 등장하는 Corea를 독일어 음가대로 옮기는 과정에서 C가 K로 바뀐 것에 불과했다. 이를 입증하기라도 하듯, Korea 표기는 이후 상당 기간 동안 자취를 감추었다. 1704년과 1752년 런던에서 출간된 이 책의 영역본에도 우리나라의 이름은 Corea였다.

그러면 하멜 독일어 번역본 이외에 우리나라 이름이 나오는 독일어 책이 없었는가? 그렇지 않다. 있었지만 독일

독일어판 《스페르웨르 호의 불운한 항해표류기》의 표지 삽도.

어라면 Korea였으리라는 생각은 맞지 않았다. 54년 전 마테오 리치 신부의 《중국전교사》 독일어판이 1617년에 출간되었는데 우리나라는 Coria로 표기되었다. 뿐만 아니라 1654년에 출간된 이탈리아 선교사 마르티니의 《만주족의 중국 정복》 독일어판에서도 Corea가 나온 것이다.

그렇다면 독일어가 아닌 영어로 된 문헌에서 Korea가 최초로 사용된 것은 언제일까? 독일에서 Korea가 최초로 사용된 후 70년 가까이 지난 뒤인 1738~41년에 영어권 문헌에서 최초로 등장했다. 1735년 프랑스 학자 뒤 알드(J. B. Du Halde)가 출간한 《중국 역사지리지(Description Geographique, Historique, Chronologique, Politique, et Physique de l'Empire de la Chine)》에서 조선은 Corée로 표기되었는데, 1738~41년 런던에서 나온 이 책의 영역본에서 Korea로 번역된 것이다.

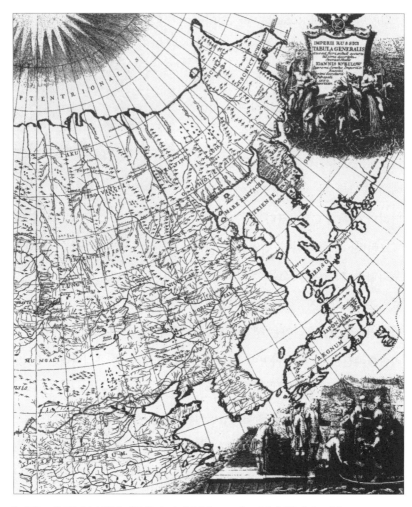

| 키릴로프의 1734년 〈러시아 제국 총도〉. 우리나라에 Korea라고 표기된 최초의 지도이다.

그 후 1747년(조선 영조 23) 영국인 애슬리(Thomas Astley)가 출간한《신
항해기집(*New General Collection of Voyages and Travels*)》은 우리나라를 소
개한 두 편의 글을 수록하고 있는데, 여기에서 조선을 Korea로 표기했

다. 물론 이것 역시 새롭게 창작된 글이 아니라 뒤 알드의 《중국 역사지리지》에 들어 있던 프랑스어 원문을 영어로 번역한 것이었다.

하멜이 쓴 표류기의 영역본 중에서는 1808~14년 런던에서 출간된 번역본이 처음으로 우리나라를 Korea로 표기하였다. 서양 문헌(원본)의 제목에 우리나라가 Korea로 처음 표기된 것은 1879년 맥레오드(M. McLeod)의 《조선과 열 개의 사라진 이스라엘 부족(*Korea and the Ten Lost Tribes of Israel*)》이라고 추정된다.

그렇다면 지도에서 Korea를 처음 사용한 것은 언제였을까? 내가 조사한 바에 따르면, 《스페르웨르 호의 불운한 항해표류기》의 독일어 번역본에서 처음 사용된 지 63년 만인 1734년(조선 영조 10)에야, Korea로 표기된 지도가 최초로 등장한다. 러시아의 지리학자 키릴로프(Johann Kyrillow)가 작성한 〈러시아 제국 총도〉에서 비로소 Korea라는 명칭이 쓰인 것이다. 러시아어에서는 독일어에서와 같이 한글의 'ㄱ, ㄲ' 발음은 대부분 k로 표기하기 때문에 Korea로 표기했을 것으로 추정된다.

영어권 국가의 지도에서도 Korea가 쓰이기 시작했다. 그 첫 번째 것은 영국인 로벨(Lovell)이 1730년대 후반에 제작한 〈동서 타타르 지도〉에 우리나라를 Kingdom of Kaoli or Korea로 표기한 것이다. 1740년 영국인 바벗(Barbut)이 제작한 우리나라 단독 지도는 Kingdom of Korea(코리아 왕국)라고 제목을 붙이고, 중국 사람들은 이 나라를 Kau-Li-Qua(고려국)로 부른다고 썼다. 1743년 영국인 키친(Thomas Kitchin)의 〈아시아 지도(*Asia Drawn from the Best Maps*)〉도 Korea로 썼다. 미국 사람이 만든 지도에 처음 Korea 표기가 등장한 것은 1795년 로(John Low)의 지도인 것 같다.

Corea의 탄생,
Korea로의 변천

Korea는 17세기 후반에 처음 등장한 이래 간헐적으로 사용되다가 1900년대 이후 미국권을 중심으로 본격적으로 많이 사용되기 시작했다. 따라서 Korea라는 영문 국호는 실제로는 100년 정도의 역사를 지니고 있는 셈이다. 그러나 오늘날의 Korea가 있기까지의 과정은 그리 순탄치 않았다.

Corea를 모태로 하여 태어난 Korea

16세기 대항해 시대가 열리면서 포르투갈, 스페인, 네덜란드, 이탈리아 사람들이 미지의 나라인 우리나라에 처음으로 로마자 이름을 붙여 부르고 쓰기 시작했다. 그때까지만 해도 Coree, Core, Coray, Corea, Chausien, Cauly, Cauli, Corey, Cory, Corai, Coria 등 다양한 표기 방식이 상존하고 있었다. 우리나라를 표기하는 방식이 나라마다, 개인마다, 문헌마다 상이했던 것이다. 그런데 16세기 말과 17~18세기를 거치면서 Corea가 주된 표기로 자리 잡았고, 19세기에 이르러서는 거의 통일되다시피 했다. 1800년대 이후에는 서양의 저서와 지도에 쓰인 우리나라의 로마자 이름이 대부분 Corea였고, 1800년대 말 조선 정부가 서양 각국과 교환한 공식 외교문서에서도 조선의 로마자 국호는 거의 대부분 Corea로 표기되었다.

사실 Korea로의 변천은 Corea와 밀접한 관련이 있다. Korea는 Corea를 모태로 하여 서서히 바뀐 표기 방식이었다. 앞서 말한 것처럼 17~19세기까지만 해도 Korea는 주로 독일어 원본이나 영어 번역본에서 사용되었을 뿐, 저서의 원본은 우리나라를 대개 Corea로 표기하였다. 그렇다면 독일어 번역본에서 Corea가 아닌 Korea를 사용한 까닭은 무엇일까? 'C'가 아닌 'K'로 쓰인 것은 독일어의 표음 때문이다. 독일어에서 'ㅋ' 소리는 'k'로 쓴다. 반면 영어를 쓰는 영국에서는 당시 거의 대부분 Corea로 표기했으나 개인에 따라 Korea를 사용하는 경우도 종종 있었다. 영어에서는 C와 K의 음가가 같은 경우가 있기 때문이다.

Korea는 언제부터 많이 쓰이게 되었나

이처럼 Korea는 19세기 후반까지 Corea가 대세를 유지하는 가운데 Corea의 아류로서 간헐적으로 사용되었다. 그런데 19세기 말에 이르러

Korea가 갑자기 득세하기 시작하는데, 이는 미국의 국제적 영향력 때문이다.

이러한 변화 양상은 미국 외교가의 표기 관행에서 먼저 나타났다. 주미 조선공사는 1882년 조미수호통상조약을 체결한 이후 처음에는 Corea를 사용했다. 그러다가 Corea와 Korea를 혼용하는 시기를 거쳐, 1891년 중반 알렌(H. Allen) 공사가 Korea로 쓰기 시작한 후 1905년 11월 28일 공사관이 철수할 때까지 14년 동안 계속 Korea를 사용한다. 1905년은 한국 역사에 뼈아픈 해였다. 러일전쟁에서 승리한 일본이 한국 강탈 야욕을 노골화하자 그해 7월 16일 고종 황제는 밀사 윤병구와 이승만을 미국으로 파견해 루스벨트 대통령에게 독립 청원서를 전달하려 했다. 그 영문 청원서에서는 대한국을 Korea로 표기했는데, 이는 미국의 관행을 따른 것이다. 같은 해 7월 29일, 일본이 대한국을 지배하는 것을 미국이 동의한다는 내용을 담은 가쓰라-태프트 밀약(The Katsura-Taft Agreement)에서도 미국은 대한국을 Korea로 표기했다. 이 협정문에서 한국에 관한 문제를 'Korean question'이라고 썼고, 또 한국을 지배한다는 의미로 'Suzerainty over Korea'라고 표기했다.

이러한 변화는 윤치호와 서재필을 통해서도 엿볼 수 있다. 윤치호는 미국 공사의 통역으로 일하던 1883~84년에 문서 번역을 할 때 Corea를 사용했고, 미국에서 머물 때부터 쓰기 시작한 영어 일기에서도 1893년 9월까지만 해도 계속 Corea를 사용하고 있었다. 그런데 점차 Korea의 사용 빈도를 조금씩 높여 나가다가 1898년 11월부터는 Korea를 전적으로 사용하게 된다. 이러한 예는 서재필을 통해서도 확인된다. 서재필은 미국

《독립신문》 1권 1호 한글판(왼쪽)과 영문판 《인디펜던트》.
우리나라는 Korea로 표기되어 있다.

망명 당시 학적부에 출생지가 Seoul, Corea로 되어 있다. 그런데 1896년 서재필이 창간한 《독립신문》의 영문판 《인디펜던트(The Independent)》 1897년 10월 12일자는 대한국을 'The Korean Empire'라고 표기했다.

Korea가 대세를 이루던 당시의 흐름은 1910년 한일합방 때에도 엿보인다. 북측 학자 공명성이 〈일본의 외교 자료 집성〉을 근거로 하여 집필한 논문을 보면, 당시 일본이 우리나라를 Korea로 표기했음을 알 수 있다.

일본은 1910년 6월 3일 대한 합병 후의 시정방침을 결정했다. … 일본은 8월 29일 칙령 318호로 열강들에게 정식 통보하기에 앞서, 이미 조약이 비준되기

하루 전인 8월 21일에 우리나라 국호의 표기를 Korea로 하여 합병 사실을 보도하였다.

이후 우리나라가 일제 강점에서 해방된 1945년까지는 Corea도 Korea도 사용되지 않았다. 일본은 대한국을 조선(朝鮮)으로 개칭하고 통치 기관인 조선총독부를 세웠다. 총독부는 한양 주재 각국 공·영사관과 교환한 문서에서 우리나라의 로마자 표기를 Corea도 Korea도 아닌 Chosen으로 표기했다. 예컨대 1913년 4월 21일 조인된 〈재한 각국 거류지 폐지 의정서〉에는 서명자가 Government General of Chosen(조선총독)이었고 일본의 식민지인 Chosen으로 썼다.

하지만 Korea 표기는 대한민국 임시정부에서 계속 사용했다. 임시정부가 발행한 독립선언서는 우리나라를 영어로 Korea라고 표기했다. 대한민국 임시정부의 영어 명칭은 상대국과 때에 따라 'Provisional Government of Corea' 또는 'Provisional Government of the Republic of Korea'로 표기되었다. 그런데 2차 세계대전이 미국이 주도한 연합군의 승리로 굳어지면서 Korea 표기가 정착되었고, 그것이 1948년 대한민국 수립 당시 우리나라의 로마자 국호가 Korea가 되는 결정적 계기가 되었다.

◆

Korea는 Corea를 모태로 하여 탄생했고, Corea와의 경쟁을 통해 지금에 이르렀다. 17~19세기에 보편화된 Corea 또한 대항해 시대 때 출현한 Coree, Cauly, Coray, Coria, Core, Corai 등 다양한 표기들과 잠시 공존하다가 점차 우위를 차지했다. 따라서 Corea와 Korea의 역사를 살펴보기 위해서는 오랜 시간 생성되고 소멸된 수많은 Corea와 Korea의 선조들을 하나하나 분석해보지 않으면 안 된다. 그러나 다분히 언어학적 분석만으로는 우리의 의문을 풀 수가 없다. 우리나라 로마자 국호에는 로마자를 사용하는 서양인의 시각이 투영되어 있으며 그 역사적 변화 과정 역시 세계사의 흐름과 맥을 같이하고 있기 때문이다. 서양인들이 우리나라를 표기하기 위해 사용한 로마자들에는 각 나라와 각 시대의 정치, 국제 관계, 언어 등 복잡한 요소들이 투영되어 있으며, 우리나라를 직·간접적으로 접한 서양의 선교사, 탐험가, 정치가, 군인들의 숨결이 담겨 있다. 그러므로 우리나라 로마자 국호의 역사를 제대로 파악하기 위해서는 세계사의 장구한 흐름 속으로 뛰어들어야 한다.

그 출발점은 서양인이 우리나라를 처음으로 인식하기 시작한 13세기로 거슬러 올라간다.

| 1부 |

高麗를 최초로 기록하다

우리나라의 국호가 로마자로 기록된 것은 언제부터일까? 서양인들이 우리 나라를 처음 접한 것은 몽골 제국을 통해서였다. 13~14세기의 몽골 제 국은 서쪽으로는 동유럽, 동쪽으로는 고려까지 유라시아의 거의 대부분을 장악 한 대제국이었다. 유럽의 교황과 국왕들은 이슬람 세력에 대항하고자 선교사를 파견했고, 상인들도 몽골 제국이 통합해놓은 아시아 세계로 진출하기 시작했다. 우리나라는 이들 선교사와 상인에 의해 조금씩 알려지기 시작했다. 그들은 아직 까지는 우리나라를 직접 방문하지 못했지만, 몽골인과 중국인을 통해 간접적으 로 우리나라에 대한 정보를 얻기 시작했고 이를 기록으로 남겼다. 그리하여 13 세기 무렵 서양의 문헌에 우리나라의 로마자 표기가 등장하기 시작했다. 현재까 지 남아 있는 기록으로 볼 때, 우리나라를 최초로 서양 문헌에 기록한 사람은 카 르피니였다.

서양인 최초로
高麗를 기록한 카르피니

1246년(고려 고종 32) 8월 24일 몽골 제국의 수도 카라코룸에서 반나절 거리에 있는 어느 도시에서, 칭기스 칸의 손자 구육 칸(재위 1246~48)의 즉위식이 거행되고 있었다. 이 세 번째 칸의 즉위식을 보기 위해 수많은 왕족과 외국 사신이 참석했다. 이 가운데에는 유럽에서 온 수도사도 한 명 있었다. 그는 프란체스코회 수도사 카르피니(Giovanni da Plano Carpini, 1182?~1252?)였다. 1245년 4월 리옹을 출발해 장장 15개월 만에 이곳에 도착한 그는 애초부터 즉위식 관람에는 관심이 없었다. 그가 이곳에 온 목적은 로마 교황 인노첸시오 4세의 서한을 구육 칸에게 전달하는 것이었다.

1206년 몽골 부족을 통일한 칭기스 칸은 북중국의 서하, 금을 복속하고 1225년에는 중앙아시아의 호레즘을 정복했다. 몽골은 이 여세를 몰아 1236년 유럽 원정대를 파견했고, 1238년 모스크바, 1240년 키예프를 점령한 후 1241년에는 신성 로마 제국의 영내로 진입했다. 1241년 말

몽골 제국의 2대 칸 우구데이가 사망하는 바람에 몽골의 유럽 원정군은 동쪽으로 철수했지만, 유럽인들의 몽골인에 대한 공포감은 사라지지 않았다.

인노첸시오 4세는 몽골에 사신을 보내 그들의 재침략을 미연에 방지하기로 마음먹었다. 게다가 이 막강한 위력의 몽골과 연합할 수만 있다면, 당시 가장 강력한 적대 세력이었던 이슬람 세계를 제압할 수도 있을 것이라 생각했다. 1245년 교황은 카르피니를 몽골에 파견하여 자신의 친서를 전달하도록 했다.

즉위식이 끝난 후, 카르피니는 구육 칸을 알현하고 로마 교황의 친서를 전했다. 그러나 구육 칸의 대답은 단호했다. "해가 뜨는 곳부터 지는 곳까지, 모든 나라가 나에게 복종하고 있다. … 만약 그대가 (내 명령에) 따르지 않는다면, 신은 (내가 무엇을 할지) 아실 것이다." 카르피니는 결국 아무런 소득도 거두지 못하고 1247년 가을 리옹으로 돌아갔다.

본래의 과업을 달성하지는 못했지만, 카르피니는 자신이 보고 들은 것을 상세히 기록하여 《몽골인의 역사(Historia Mongolorum)》라는 책을 저술했다. 구육 칸의 즉위식에 참석했던 그는 이 책에서 여러 외국 사신들의 이름을 열거하고 있다. 그 명단에는 수즈달 공국(Principality Suzdal)의 예로슬라프(Jeroslav) 대공과 거란(Kitayans)과 솔랑게스(Solanges)의 왕자들, 그루지아(Georgia) 왕의 두 아들, 바그다드(Baldach) 칼리프의 대사 등이 포함되어 있다. 그런데 여기에서 Solanges란 몽골어로 고려 또는 고려 사람을 이른다고 한다.

13세기 프랑스 학자 드 보베(Vincent de Beauvais)는 몽골의 역사를 다룬 책을 서술했는데, 이 책에도 카르피니의 이야기가 등장한다. 그런데 불레스텍스에 따르면, 이 책에는 고려가 Solangi로 언급되어 있다. Solangi는 만주어로 무지개라는 뜻이라고 한다. 고려와 무지개가 무슨 관련이 있는지 알 수 없다. 어쨌든 카르피니의 《몽골인의 역사》에 나오는 Solanges나 드 보베의 책에 나오는 Solangi는 라틴어 철자가 약간 다르긴 하지만 이는 철자의 변형일 뿐 둘 다 같은 나라를 이르는 표기이다.

당시 카르피니는 과연, 구육 칸의 즉위식을 전후하여 고려에서 온 왕자를 직접 만났을까? 그렇다면 그 고려 왕자는 과연 누구였을까? 이 문제의 실마리를 풀기 위해 당시 고려와 몽골의 관계를 잠시 살펴보자.

몽골 제국은 지상의 모든 사람들을 칸의 지배에 복종하는 속민과 그렇지 않은 역민으로 구분하고 있었다. 그래서 주변 나라들이 자발적으로 복속하면 평화를 보장해주었고, 그것을 거부하면 침략하고 파괴했다. 그들은 동아시아, 중앙아시아, 서아시아, 동유럽 등 어느 곳 할 것 없이 그러한 정책을 실행에 옮겼으며, 고려에 대해서도 마찬가지였다. 고려에게 '속민'이 될 기회를 주기 위해 파견한 몽골 사신이 살해당하자, 몽골은 고려를 '역민'으로 규정하고 침략을 시작했다. 그러나 몽골은 1231년과 1232년 잇따른 고려 침입에서 별 성과를 거두지 못하자, 1234년 금을 멸망시킨 여세를 몰아 3차 고려 원정을 감행했다. 5년 동안의 긴 전쟁 끝에, 몽골은 고려 왕이 몽골 칸에게 직접 예를 표해야 한다는 조건으로 철수했다. 그러나 그러한 약속을 이행해서는 안 된다고 판단한 최우 정권은 왕 대신 왕자를 보내기로 했다.

1241년(고려 고종 28) 고려는 왕족인 영녕공(永寧公) 왕순(王綧)을 왕자로 가장하여 귀족 자제 열 명과 함께 몽골에 볼모로 보냈다. 그 후 왕순은 몽골군과 함께 몇 차례 고려 땅을 밟은 적이 있지만 결국 몽골에서 귀국하지 못하고 1283년 이국땅에서 일생을 마쳤다. 《고려사》에 따르면 왕순과 같은 왕족이자 그의 사촌인 신안공(新安公) 왕전(王佺)도 1245년(고려 고종 32) 10월 몽골에 갔다가 1249년 2월에 귀국한 사실이 있다. 이러한 사실로 보아 카르피니가 1246년 8월의 대관식에서 고려의 왕자들을 보거나 만났다면, 이들은 바로 왕순과 왕전일 가능성이 높다. 물론 고려의 사료에는 이들이 몽골에서 서양인과 접촉했다는 기록은 없지만, 그랬을 개연성을 부정할 수만도 없다. 카르피니가 만약 카라코룸에서 고려 왕자들을 만났다면 그가 우리나라 사람을 만난 최초의 유럽인이 되는 것이다.

로마 교황청이 카르피니 외에도 도미니크회 수도사 두 사람을 더 몽골로 파견했다는데 자세한 기록은 보이지 않는다. 두 번째로 몽골을 방문한 사람은 롬바르디아 출신의 아셀린(Ascellin)인데 1247년에 같은 임무를 띠고 몽골에 갔다가 1250년에 돌아왔다. 세 번째는 1248년 탐험가이며 외교관인 롱주모(A. Longjumeau)인데, 그는 카라코룸으로 가서 칸을 만나고 1251년에 돌아왔다. 하지만 두 사람 모두 별다른 성과를 거두지 못했다. 이 두 사람이 남긴 여행기나 서간문은 아직 알려져 있지 않다.

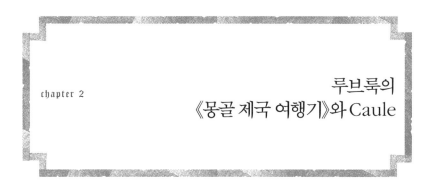

chapter 2

루브룩의
《몽골 제국 여행기》와 Caule

플랑드르 출신 프란체스코회 수도사 루브룩(Guillaume de Rub
ruck, 1220~1293)은 프랑스 왕 루이 9세를 따라 7차 십자군에 동
행했다. 그는 팔레스타인에서 롱주모를 만나, 몽골인에게 포로로 잡힌
유럽 사람들이 탈라스 근처에서 비참한 생활을 하고 있다는 소식을 들었
다. 동방 세계에서 선교 활동을 펼치면서 유럽인 포로들을 보살펴야겠다
고 생각한 그는 몽골 행을 결심했다. 루브룩에게 설득당한 루이 9세는 그
를 몽골에 사절로 파견했다.

1253년 5월 7일 콘스탄티노플에서 출발한 그는 12월 27일 카라코룸에
도착했다. 그는 구육 칸에 이어 즉위한 몽골의 뭉케 칸(재위 1251~58)을
만나서 가톨릭으로 개종할 것과 이슬람 세계에 대항하여 함께 싸울 것을
제의했으나 역시 거절당했다. 잠시 몽골에 머문 그는 1254년 8월 18일 카
라코룸을 떠나 1255년(고려 고종 41) 8월 15일 트리폴리에 도착했다.

앞서 다녀온 세 사람과 달리 루브룩은 대단한 관찰자요, 기록가였다.

그가 귀국해서 1255년 제출한 보고서 《몽골 제국 여행기(*Itinerarium fratris Guilliaume de Rubruquis de ordine fratrum Minorum*)》는 라틴어로 쓴 여행기로, 동방 세계의 다양한 모습에 대한 면밀한 관찰, 수많은 고난을 겪으며 느꼈던 자신의 솔직한 감정 등이 기술되어 있어, 중세 유럽의 여행기 중에서도 백미를 이룬다고 평가받고 있다.

그러나 당시 이 보고서는 극히 적은 수량만 복사되어 널리 읽히지 못했다. 16세기 말까지 단지 네 종의 필사본만 남아 있었으며, 동시대 인물 베이컨(Roger Bacon)의 《주요 저술(*Opus Maius*)》에서도 일부분만 인용되었다. 이 보고서는 첫 출간 후 300년 동안 누구의 관심도 끌지 못하고 도서관에 묻혀 있다가 1598년 해클루트(Richard Hakluyt)에 의해 발굴되어 그 내용이 알려졌다.

그러나 해클루트 자신도 보고서의 26장까지만 영역 출판하고 정작 우리나라 고려에 대한 언급이 나오는 29장은 다루지 않아 16세기 유럽에 우리나라를 소개하는 데에는 아무 공헌도 하지 못했다. 그로부터 650년 후인 1900년에 와서야 록힐(W. W. Rockhill)이 《윌리엄 루브룩의 동방 세계 여행, 1253~1255(*The Journey of William Rubruck to the Eastern Parts of the World, 1253~1255*)》라는 제목의 영역본을 출간함으로써 비로소 우리나라에 관한 내용이 알려지게 되었다.

《몽골 제국 여행기》의 29장을 살펴보자. 루브룩은 위구르족에 관해 설명하는 장에서 Solanga의 외교 사절을 만났다고 소개한다.

체구가 작고 피부 색깔이 스페인 사람처럼 까무잡잡한 사람들이 까만 니스를

칠해 빳빳해진 갓을 쓰고 다닌다.

그런데 루브룩이 명기한 Solanga는 드 보베가 카르피니의 이야기를 전하면서 기록한 Solangi와 철자가 거의 똑같아 보인다. 그렇다면 이 둘은 어떻게 다른 걸까? 불레스텍스는 Solanga는 바로 고려 혹은 당시 고려의 북쪽 지역을 지칭하는 것이라고 주장한다. 그러나 김성택의 논문에 따르면, Solangi는 고려, Solanga는 만주를 각각 지칭하는 것이며 루브룩이 Solanga라고 명기한 이들은 고려의 북쪽에 사는 사람들이다. 이를 종합해보면, 루브룩의 Solanga는 고려 그 자체를 가리키는 것이라고 단언할 수 없다.

그런데 《몽골 제국 여행기》에서 중국 화폐와 문자를 소개하는 대목에, 고려를 직접 언급한 것이라고 확신할 수 있을 만한 내용이 한 차례 더 나온다.

Cathay(중국)는 대양에 면해 있으며, 중국의 동쪽 물 건너에 **Caule**가 있다. …
겨울에 바다가 얼어붙는 섬 Caule와 Manse에서 온 사신을 보았다.

여기에서 Caule는 고려(高麗)를, Manse는 남송(南宋)을 말하는 것이다. 우선 Caule에서 온 사신을 보았다는 루브룩의 이러한 기술이 맞는 얘기인지를 따져보기 위해 다시 《고려사》를 살펴보자. 안견공 왕온(王溫)이 1253년 12월 사신으로 수도 카라코룸에 갔다가 이듬해 8월에 돌아왔다는 기록이 있다. 앞서의 왕순과 왕전처럼, 왕온도 몽골의 잦은 침략을 받던 고려가 여러 차례 몽골에 볼모로 보낸 왕족들 가운데 한 사람이었다. 그런데 루브룩이 몽골에 머물렀던 때가 1253년 12월에서 1254년 8월까지였으니, 루브룩과 왕온의 몽골 체류 기간이 거의 겹친다. 따라서 루브룩이 보았다던 Caule의 사신은 바로 왕온이었을 가능성이 높다. 물론 이미 카라코룸에 머물고 있던 왕족 왕순(왕전은 1249년 귀국했다)이었을 가능성도 배제할 수는 없다. 두 명 다 루브룩이 보았을 수도 있다. 그렇다면 루브룩이 명기한 Caule는 고려가 확실한 걸까? 그가 Caule에 대해 기록한 다른 글을 보자.

Caule 사람들은 섬에 사는데 겨울에 얼어붙은 물 위로 몽골족이 쳐들어오는 것을 방지하기 위해 매년 3만 2,000투멘의 금·은궤를 바친다.

고려는 분명 섬이 아니며 중국 대륙에 붙어 있다. 따라서 위의 기술만 놓고 보면, Caule는 고려라고 할 수 없게 된다. 하지만 루브룩이 Caule를 섬이라고 기록한 것과 겨울에 얼어붙은 물 위로 쳐들어온다는 얘기를 함께 놓고 생각해보면 의문이 풀린다. '겨울에 얼어붙은 물'이란 바로 압록강을 두고 하는 말이다. 백두산의 동북쪽으로 흘러 내려가는 두만강도 포함해서 말했을 것이다. 루브룩이 Caule를 섬이라고 인식한 것은 몽골인과 중국인으로부터 고려에 가려면 물을 건너가야 한다는 말을 들었기 때문이라고 보아야 한다. 사실 우리나라와 중국이 백두산으로 붙어 있긴 하지만 중국과 접경하는 거의 대부분 지역이 커다란 강으로 분리되어 있는 것이 사실이다. 물 건너에 있는 나라이니 섬이라고 오해할 수도 있었을 것이다. 실제로 9, 10세기 극동 지역에서 활동한 아랍 사람들도 신라를 여러 개의 섬으로 인식한 바 있었다. 우리나라의 존재는 서양인들에게 좀 더 알려지기 시작한 16세기와 17세기에 이르러서도 반도인지 섬인지 혼동되고 있었으니, 그 당시에는 오죽했겠는가?

겨울에 이 강들이 얼어붙으면 몽골의 기마병들이 쉽게 고려로 쳐들어올 수 있었던 것도 사실이었다. 실제로 몽골은 일곱 차례나 고려를 침공했는데, 이들이 배를 타고 고려를 침공했다는 기록은 없다. Caule는 매년 몽골에 조공을 바친다는 말도 역사적 사실과 일맥상통한다.

그러면 루브룩은 왜 고려를 Caule라고 표기했을까? 고려의 존재를 알지 못했을 루브룩은 몽골인이나 중국인으로부터 고려 사신에 대한 이야기를 들었을 것이다. 중국 사람들은 우리가 현재 '고려'라고 발음하는 한자 '高麗'를 'gaori'와 비슷하게 발음한다. 중국의 북방계 언어(만다린)에서는 '까우리'에 가깝게 발음하고 남방계 언어(칸토니즈)에서는 '까오리'에 가깝게 발음한다. 두 발음을 좀 더 빨리 하면 '꼬리'로도 들릴 것이다. 그래서 루브룩은 중국 사람들의 高麗 발음을 듣고 라틴어식 철자로 Caule로 표기한 것이다.

여하튼 이것이 라틴계 언어를 사용하는 유럽 사람이 우리나라 '高麗'를 로마자로 표기한 최초의 기록이다. 하지만 이는 루브룩이 몽골을 여행하는 동안 고려 사람을 만나지도 고려를 직접 방문하지도 않았다는 증거이기도 하다. 만약 고려 사람으로부터 직접 고려에 대한 정보를 접했더라면 중국식 발음과는 다르게 표기했을 것이다.

800년대 아랍 사람들은 우리나라 신라를 직접 왕래했기 때문에 新羅를 중국어 발음을 따라 'Sinlue'로 쓰지 않고 신라 사람들의 발음을 따라 'Sila'로 표기한 바 있다. 이처럼 유럽인이 고려 사람들과 직접 접촉했다면 Caule가 아닌 다른 철자를 사용했을 것이다.

여기서 우리는 일반적으로 고려 시대에 고려 사람들이 高麗를 '고려'로 발음했으리라는 믿음 때문에 그렇게 생각하고 있는 것이다. 만일 高麗가 다르게 발음되었다면 로마자 표기 또한 달랐을 것이다. 실제로 Gore, Gori, Core, Cori 등의 표기가 나오는데 이에 대해서는 다음에 다룰 것이다.

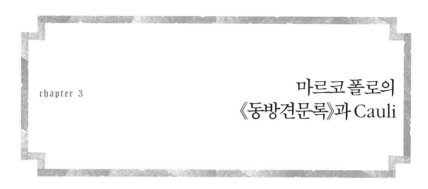

chapter 3

마르코 폴로의
《동방견문록》과 Cauli

1271년 마르코 폴로(Marco Polo, 1254~1324)는 머나먼 동방 여행 길에 올랐다. 그를 데리고 간 사람은 아버지 니콜로 폴로(Nicolo Polo)와 숙부 마페오 폴로(Maffeo Polo)였다. 사실 그들의 동방 여행은 이번이 처음이 아니었다.

니콜로 폴로와 마페오 폴로는 상인이었다. 1255년 그들은 동방 무역을 위해 콘스탄티노플과 솔다이아로 갔다. 이해는 루브룩이 프랑스 왕 루이 9세의 명을 받아 몽골에 다녀온 해였고, 마르코 폴로는 당시 두 살이었다. 그런데 전쟁으로 귀향길이 막히는 바람에 뜻하지 않게 몽골 행을 선택했다. 그들은 몽골 제국에 가서 쿠빌라이 칸을 만났고, 이들로부터 유럽의 사정을 전해들은 쿠빌라이 칸은 이들을 교황에게 사신으로 파견했다.

15년 만에 귀향한 니콜로 폴로와 마페오 폴로 형제는 1271년 쿠빌라이 칸에게 보내는 교황의 답신을 받아들고 다시 몽골로 향했다. 이번에는

18세의 장성한 마르코 폴로도 함께 데리고 길을 나섰다. 3년 6개월이라는 긴 여정 끝에 이들은 몽골 제국의 여름 수도 상도(上都)에 도착했고 쿠빌라이 칸의 환대를 받았다. 마르코 폴로는 몽골 제국에서 쿠빌라이 칸의 신하로 17년 동안 머물다가 1295년 베니스로 귀환했다. 그때 그의 나이 41세였다.

마르코 폴로는 귀향 후 베네치아와 제노바 사이의 전쟁에 휘말려 1298년 10월 16일 제노바의 감옥에 투옥되었다. 그는 감옥에서 피사 출신의 작가 루스티첼로(Rustichello)라는 사람을 만났고, 루스티첼로는 마르코 폴로의 기막힌 몽골 여행 경험을 구술로 받아 적었다. 이 책이 우리에게 잘 알려져 있는 《동방견문록》이다. 대체로 서구에서는 이 책을 《마르코 폴로의 여행기(The Travels of Marco Polo)》라고 부르고 중국에서도 마르코 폴로의 《행기(行記)》 또는 《유기(遊記)》라고 이름 짓고 있다. 그런데 김호동이 번역한 《마르코 폴로의 동방견문록》의 해설에 따르면, 이 책의 원제목은 Le Divisament dou Monde(Description of the World), 즉 《세계의 서술》이다. 마르코 폴로가 여행을 통해 얻은 견문을 토대로 저술한 것은 사실이지만, 내용을 구체적으로 살펴보면 직접 가보지 못한 곳까지 모두 포괄하여 '체계적'으로 서술했기 때문에 《세계의 서술》이라는 제목을 붙였던 것이다. 따라서 이 책을 '여행기'로만 국한하는 것은 적절치 않다. 사실 한국에서는 《동방견문록》이라는 제목으로 알려져 있는데, 이는 일본에서 널리 사용되는 제목을 차용한 것일 뿐이라고 한다.

마르코 폴로의 서술은 동방 세계에 무지하던 유럽 사람들에게 경악과 호기심과 흥미를 일으키게 한 당대의 베스트셀러였다. 한때 그 여행기에 나온 이야기의 황당함에 놀란 이탈리아 사람들은 '백만'의 뻥쟁이라는 별명을 가진 마르코 폴로의 책이라고 하여 《백만의 책(*Il Milione*)》이라고 불렀을 정도였다. 그러나 그의 책은 선풍적인 인기를 끌었고 마르코 폴로 자신도 이 책으로 큰 돈을 벌었다.

그렇다면 마르코 폴로는 이 유명한 책에서 고려를 어떻게 표기하고 있을까? 마르코 폴로는 쿠빌라이 칸의 배다른 형제인 나얀이 반란을 일으키자 쿠빌라이 칸이 1288년 이 반란을 진압한 후 나얀을 처형했다고 언급하면서, 다음과 같이 기록하고 있다.

> 대칸이 (나얀과의) 전투에서 승리를 거두자 모든 병사들과 신하들이 와서 복속했다. 내가 그 네 지방의 이름을 말해주겠다. 첫째는 Ciorcia(초르차), 둘째는 **Cauli**(까우리), 셋째는 Barscol(바르스콜), 넷째는 Sichintingiu(시킨팅주)였다.

마르코 폴로는 여기에서 반란이 진압된 후 네 개 나라의 사신들이 쿠빌라이 칸에게 충성을 맹세하러 왔다면서 두 번째 나라로 Cauli를 언급하고 있다. 여기서 Cauli는 高麗의 중국식 발음을 옮긴 것으로, 40여 년 전 루브룩이 《몽골 제국 여행기》에서 명기한 Caule와 철자만 약간 다르다.

그렇다면 마르코 폴로가 몽골 조정에서 본 Cauli 사신은 과연 누구였을까? 그가 몽골에 머물렀던 1274년부터 1291년까지의 기간은 고려 충렬왕의 재위 기간(1274~1308)이었다. 충렬왕 시기는 바로 고려가 몽골 제국의 부마국이 된 때이다. 몽골군은 삼별초군을 평정한 후 1274년부터 고려에 주둔했다. 그 와중에 삼별초군 평정을 지휘한 고려 장군 김방경도 몽골 제국의 수도 대도(大都)를 여러 차례 드나들었고, 원나라는 고려 여인들을 징발해갔다. 이러한 정치·군사적 상호 관계 때문에 당시 고려 왕들은 대도를 자주 드나들었다. 그리고 세자 가운데 적어도 한 명은 볼모로 몽골에서 살아야 했다. 한 예로 충렬왕의 세자(훗날의 충선왕)는 몽골에 머물면서 몽골의 계국대장공주(薊國大長公主)와 결혼했다. 특히 쿠빌라이 칸이 나얀을 진압한 다음 해인 1289년 11월에 충렬왕, 공주, 세자가 몽골로 갔다가 이듬해 3월에 돌아온 기록도 《고려사》에서 찾아볼 수 있다. 이러한 시대적 배경으로 볼 때, 원나라에 오래 머문 마르코 폴로가 대도에서 본 고려인이 누구였는지 정확히 파악할 수는 없지만, 고려인을 보았을 개연성은 매우 높다.

마르코 폴로 여행기의 필사본은 그가 죽은 후에 널리 퍼졌고, 14~15세기에 쓰인 100여 개의 필사본이 오늘날 전해지고 있다. 그러나 첫 인쇄본은 180여 년 후인 1477년(조선 성종 8)에 독일어 번역본으로 나왔다. 그때부터 지리상의 발견 시대까지 계속 여러 나라 언어로 출간되어, 동방 세계에 대한 유일한 안내서로 거의 200년간 널리 읽혔다. 각국의 번역본들에서는 언어적 특성에 따라 고려가 Cauly, Carli, Kauli, Kaoli 등으로 표기되었다. 하지만 마르코 폴로가 고려를 직접 방문한 흔적은 보이지 않는다. 만약 직접 방문했다면 고려 사람의 高麗 발음이 달랐을 것이며 표기 또한 다르게 쓰였을 것이다. 마르코 폴로 역시 루브룩처럼 중국 사람들의 Gaori와 비슷한 발음을 옛 이탈리아어 또는 옛 프랑스어로 표기했을 것이라고 추정된다.

끝으로, 루브룩은 고려를 Caule로 마르코 폴로는 Cauli로 표음해서 썼는데 e와 i의 발음 차이는 없었다고 본다. 당시는 철자법에 대한 규정이 따로 없었고, 누구든지 자신이 들은 대로 표기하던 시절이었다. 다만 麗 자의 중국식 발음은 언제나 '리' 이기에 'i' 가 더 확정적이라고 할 수도 있다.

마르코 폴로 이후, 교황의 사절인 프란체스코회 수도사 몬테코르비노 (Giovanni de Monte Corvino, 1247~1328)가 중국 선교를 목적으로 1294년 부터 20년간 대도에 머물면서 가톨릭 전교에 전념했고, 이탈리아인 오도 리크(Odoric of Pordenone)도 1318년부터 12년간 대도에 머물면서 전교 활동을 했다. 오도리크가 남긴 여행기에는 몬테코르비노의 선교 활동에 대한 얘기가 있으나 고려에 대한 기술은 없다.

선교사들이 터득한 동양의 역사와 문화에 관한 지식은 다른 문헌에 기록되었을 뿐 아니라 유럽에서 제작된 지도에도 반영되었다. 그 한 예로 1375년에 제작된 근세 최초의 세계지도라 할 수 있는 〈카탈루니아 지도 (Catalan Atlas)〉에 동양에 대한 정보가 그림으로 그려져 나온다. 〈카탈루니아 지도〉에 대해서는 다음에 자세히 다룰 것이다.

라시드 앗 딘의 《집사》에 나온 高麗

이슬람 세계는 일찍이 850년대부터 신라를 왕래했고 우리나라를 Sila로 표기했다. 물론 그들은 아랍어를 사용했다. 여기서 Sila라고 표기한 것은 아랍어를 로마자로 음사한 것이다. 따라서 우리나라의 로마자 표기를 다루는 이 책에서는 이슬람교도들이 아랍어로 표기한 것에 대한 논의는 원칙상 제외해야 한다. 하지만 아랍인들은 유럽과 인접한 지역에서 살았고 유럽과 활발한 교류를 해왔기 때문에, 그들이 신라 이후의 우리나라를 어떻게 발음했고 또 그들의 언어로 어떻게 표기해왔는지를 아는 것은 매우 중요하다.

고려의 존재가 이슬람 세계에 알려진 것은 몽골 제국 시대였다. 1240년 2대 칸 우구데이의 죽음으로 잠시 중단되는 듯했던 몽골 제국의 군사 원정은 4대 뭉케 칸이 즉위한 후 재개되었다. 1256년 뭉케의 아우 훌레구는 이슬람 세계에 대한 공격에 나서 1258년 압바스 왕조의 수도 바그다드를 잿더미로 만든 다음, 지금의 이란과 소아시아 일대에 일 칸국

(1258~1393)을 건설했다. 그 후 40년 가까이 지난 1295년, 일 칸국의 7대 칸이 된 가잔은 재상이자 의사였던 라시드 앗 딘(Rashīd-ad-Dīn, ?~1319)에게 몽골 제국의 역사서를 편찬하라고 명령했다. 40년 전 페르시아에 온 선대의 몽골인들은 이미 타계했고, 그 후손들은 자신들의 유래나 역사에 관해 점차 잊고 있었다. 따라서 가잔은 역사 편찬을 통해 일 칸국이 몽골 제국의 일원임을 널리 알릴 필요가 있다고 판단했던 것이다.

이러한 계기로 1311년 편찬된 라시드 앗 딘의 《집사(Jami al-Tawarik)》는 몽골 제국을 건설하고 통치했던 여러 군주들의 연대기를 종합하여 서술했을 뿐 아니라, 중국, 인도, 아랍, 투르크, 유럽, 유대 등 여러 민족들의 역사까지도 집대성한 역사서로, 당시의 기록들 가운데 정확성과 상세함에서 타의 추종을 불허한다는 평가를 받고 있다.

그런데 《집사》에 고려에 관한 기술이 등장한다. 저 멀리 일 칸국에 살고 있던 라시드 앗 딘이 고려의 존재를 어떻게 알 수 있었을까? 1259년 몽골군이 고려를 공격할 때 투르크계 이슬람교도들이 많이 섞여 있었다. 1273년과 1281년 몽골군이 고려군과 연합하여 일본 원정을 시도하는 과정에서도 위구르계 이슬람교도들이 많이 섞여 있는 몽골군이 고려에 주둔하기도 했다. 이슬람교도의 고려 유입은 쿠빌라이 칸이 죽은 1294년까지 계속되었다. 그리하여 이들은 유럽인들보다 고려를 더 가깝게 알게 되었을 것이고, 그들이 얻은 정보가 라시드 앗 딘에게도 전해졌을 것이다.

그러면 《집사》에 등장하는 고려 관련 기사를 살펴보자. 라시드 앗 딘은 고려를 원나라에 있는 열두 개의 성(省) 가운데 하나로 포함시키고 다음과 같이 언급한다.

제3의 성은 **Kao-li**(고려)와 Kao Kau-li(고구려)로 구성된다. 이 국가들은 (원나라) 국경 변방에 위치하며 왕국의 정체를 갖고 있다. 그곳에서는 임금을 왕(Wank)이라 부른다. 쿠빌라이 칸이 공주를 그곳의 왕에게 시집보냈다. 그 자식은 칸과 밀접한 관계를 맺고 있음에도 왕위에 오르지 못했다.

라시드 앗 딘의 서술 내용을 조목조목 따져보자. 우선 고구려가 고려와 더불어 원나라의 한 성으로 거명되었다. 그가 어떻게 고구려까지 알고 있었을까 하는 생각이 든다. 고려는 원나라에 복속되어 부마국이 되었으니 원나라의 한 성이라고 볼 수도 있겠으나 고구려는 다르다. 668년에 멸망한 고구려가 600여 년이 흐른 시점인 원대에도 언급되었다는 사실이 특이하다. 뒷장에서 살펴보겠지만 '고구려'는 400년대 전반에 국호를 '고려'로 바꿨다.

고려의 군주를 '왕'이라고 부른 것은 맞는 이야기이다. 쿠빌라이 칸의 공주가 고려 왕에게 출가했다는 설명도 정확하다. 쿠빌라이 칸의 딸 제국대장공주는 1274년 몽골에 머물고 있던 고려의 세자 심(諶, 훗날의 충렬왕)과 결혼했고, 같은 해 그가 왕이 되자 그를 따라 고려에 왔다.

하지만 그의 아들(훗날의 충선왕)이 그곳의 왕위에 오르지 못했다는 설명은 좀 문제가 있다. 충선왕은 1298년 충렬왕을 대신하여 왕이 되었다가 7개월 만에 실각하긴 했지만, 충렬왕이 죽자 1308년부터 1313년까지 다시 재위했기 때문이다. 그렇다면 라시드 앗 딘은 무엇 때문에 잘못 기술한 것일까? 1308년 다시 왕위에 오른 충선왕은 얼마 후 정치에 염증을 느껴 제안대군(齊安大君)에게 자신을 대신하게 하고 원나라로 돌아가 머물렀다. 라시드 앗 딘은 아마도 그가 왕이 된 후 원나라에 오래 머물렀기 때문에 왕이 되지 못했다고 오해한 것 같다. 어쨌든 페르시아에 있는 역사가가 극동 지역에서 일어난 사실을 꿰고 있었다는 사실이 놀랍다.

라시드 앗 딘의 글 속에 등장하는 Kao-li라고 발음되는 어휘는 고려를 가리키는 것이 분명하다. 그리고 고려를 Kao-li라는 발음에 따라 표기했다는 것은 그들이 고려를 중국 사람들이 부르는 대로 표기했음을 의미한다. 즉 루브룩이나 마르코 폴로가 중국 사람들로부터 들은 것과 똑같이 썼다는 것이다. 그런데 유럽 사람들이 Cauli로 사용한 것을 라시드 앗 딘은 Kao-li로 명기했다. 즉 C 대신 K로 쓴 것은 페르시아어로 쓴 어휘를 로마자로 전사하는 과정에서 국제어가 되다시피 한 영어를 따랐기 때문이라고 보면 될 것이다.

또 하나 'au'라 하지 않고 'ao'의 음가를 사용했는데, 이는 라시드 앗 딘이 해로로 중국 남부를 드나든 아랍 사람들을 많이 만났기 때문에 Kao-li로 썼을 수도 있다. 그리고 이는 근현대 중국에서 고대 음의 Kau가 Kao로 변천된 것과도 궤를 같이한다. 16세기부터는 유럽 사람들도 모두 Caoli로 표기하기에 이른다.

〈카탈루니아 지도〉에 등장한 엉뚱한 Caulij

몽골 제국 시대가 끝날 무렵, 이탈리아에서는 지중해를 중심으로 해상 교류가 점차 활발해지고 있었다. 그러한 흐름에 편승해 항해를 돕기 위한 해도인 포톨라노 해도(Portolano Nautical Chart)가 출현했다. 포톨라노 해도란 나침반을 중심으로 방사상으로 퍼져 나가는 수많은 선을 지도에 그려놓아 한 곳에서 다른 곳으로 가는 가장 짧은 항로를 알게 해주는 지도이다. '포톨라노'라는 이름은 그리스어 페리플루스(Periplus)에서 기원한 말인데, 그리스 시대에는 해안이나 항구, 길 등을 기록한 항해 안내서를 이르는 말이었다가 중세 말기에 '해도'를 가리키는 말이 되었다.

포톨라노 해도 가운데 가장 유명한 지도가 바로 〈카탈루니아 지도(*Catalan Atlas*)〉이다. 이 지도는 스페인 팔마(Palma de Mallorca) 지역의 유대인 지도 제작자 크레스크(Abraham Cresques)가 1375년 프랑스 왕 샤를 5세의 주문으로 카탈로니아의 바르셀로나에서 양피지 위에 그린 천연색

지도이다. 데이비스의 《지오그래피》에 따르면, 이 지도에는 금이 '당근처럼 쑥쑥 자라고' '덩어리 형태로 개미들에 의해' 운반되거나 '움집에 사는 벌거벗은 사내들에 의해' 캐내지는 서아프리카 말리의 엄청난 금은 보화에 관한 이야기 등 흥미롭지만 황당한 내용이 많다.

카탈루니아 지도는 카르피니나 마르코 폴로와 같은 동방 여행자들이 유럽인의 지리 지식과 세계관을 어떻게 바꾸어놓았는지를 잘 보여준다. 이 지도에는 마르코 폴로가 《동방견문록》에서 언급한 지명들이 세밀하게 기록되어 있다. 지도의 원래 제목이 라틴어로 '세계의 지도'라 붙여진 것도 《동방견문록》의 원제목이 '세계의 서술'이었던 것과 무관하지 않다.

모두 여덟 장으로 이루어진 〈카탈루니아 지도〉는 동방 세계에 네 장을 할애했다. 그런데 이 해도에는 중국의 동남쪽에 Tabrobana(타브로바나)라는 섬이 그려져 있고, 다음과 같은 기록이 있다.

> 타타르 사람들은 이 섬을 Great **Caulij**(큰 까오리)라고 부른다. 어떤 산속에는 피부가 검은 거인들이 사는데 백인들이나 외부에서 온 사람들을 잡아먹는다.

여기서 '타타르'는 중세 유럽인들이 북부 중국, 몽골, 신강과 러시아의 남부 등지에 사는 사람들을 통틀어 이르는 말이다. 루브룩과 마르코 폴로가 중국인이나 몽골인을 통해서 각각 Caule와 Cauli에 관해 들었다는 것은 앞서 언급한 바 있다. 따라서 위에서 타타르 사람들이 불렀다는 'Caulij' 역시 고려를 가리키는 것이 아닌가 하는 생각이 든다.

그런데 지도에 그려져 있는 이 섬의 위치는 우리나라와는 너무나도 멀리 떨어져 있고, 크기도 훨씬 커서 우리나라와는 아무 상관도 없어 보인다. 본래 이 신비의 섬은 이탈리아 출생의 라틴 작가 플리니(Pliny)가 쓴 내용에 근거해서 후세의 지도에 기록된 것이라고 하는데, 아마도 지금의 스리랑카 또는 수마트라를 가리키는 것 같다. '타브로바나'라는 섬 이름 자체도 우리나라와 관계 있다고 보기 어렵고, 그 섬 속에 쓰여 있는 Malao, Leroa, Horma, Menlay, Dinlay, Melaro 등 여섯 개의 도시 이름 역시 모두 우리나라의 지명이 아닌 것으로 보인다. 게다가 검은 피부의 식인종이 산다는 얘기는 황당할 뿐이다. 이러한 표현은 중세 유럽인이 미지의 세계를 설명할 때 흔히 사용한 방식이다. 당시 까마득하기만 했던 극동 지역에 대한 지식이 이런 결과를 초래한 것 같다.

어떤 학자들은 이 섬이 우리나라와 일본을 혼동해서 그린 것이라고 추정하기도 한다. 그러나 1300년대 초에 나온 《동방견문록》에서 이미 언급한 바 있는 Zipangu(일본)라는 이름이 이 지도에는 등장하지 않기 때문에 그러한 주장은 신빙성이 없다. 어쩌면 마르코 폴로의 글에 나온 Cauli라는 나라를 동쪽의 끝 어디엔가 표시하고 싶어서 이 섬의 설명에 붙였을 수도 있다. 한편, 여기에서 본래의 Cauli가 아니라 Caulij라고 썼다고 해서 두 지명이 애초에 전혀 다른 것이라고 보는 것은 지나치다. 당시에는 단어의 철자법이 따로 정리되어 있지 않았기 때문에 누구나가 들리는 대로 또 원하는 대로 표음했으며, i와 ij는 발음상 차이가 없다.

1470년부터는 그리스의 프톨레마이오스(Klaudios Ptolemaeos)가 서기 150년에 작성했다는 세계지도가 다시 작성되어 나오기 시작했다. 이 지도에는 중국 대륙이 나타나지만 우리나라와 일본이 위치한 극동 지역은 포함되지 않았다. 그러나 인도의 동남단, 현재의 스리랑카 또는 수마트라에 해당하는 지역에 또다시 타브로바나가 등장하는데, 이번에는 'Taprobana(타프로바나)'라고 표기되어 있다. 〈카탈루니아 지도〉와 철자 하나가 다르다. 그러나 이 지도에서도 Caulij나 우리나라와 연관지을 수 있는 지명은 보이지 않는다.

이 두 지도 이후에 나온 유럽인들의 지도에는 Caulij라는 철자나 Taprobana라는 섬은 더 이상 나타나지 않는다. 아무래도 Taprobana는 우리나라와는 관련이 없는 것이 분명해보인다. 그러나 유럽 사람들이 동양의 맨 끝 어디엔가 있다고 생각한 미지의 나라 Caulij는 위치도 생긴 모습도 다르지만 존재했다는 것만큼은 사실이다.

조선 시대 아랍인의
역사책에 나온 高麗

　　라시드 앗 딘이 《집사》에서 고려에 대해 언급한 지 200여 년이
지난 후, 이슬람 학자가 우리나라를 고려로 표기한 저서가 나왔
다. 그런데 이때는 조선 왕조가 건국된 지 120년이 지난 시점이었다.

　　오스만 제국(1298~1924)의 학자이자 여행가인 아크바르(Ali Akhbar)는
16세기 초 호탄을 거쳐 실크로드를 통해 중국을 방문한 후, 1516년《키타
이 서(Khitayname)》를 편찬해 오스만 제국의 술탄에게 바쳤다. 여기에서
'키타이'란 원래 거란을 뜻하지만, 중세 이후 유럽인들이 중국을 가리켜
사용한 명칭이다. 따라서 《키타이 서》는 '중국지(中國誌)' 정도로 보면 될
것이다. 원전이 페르시아어로 기록된 이 작품은 중국 명나라 시대의 정
치, 사회, 대외관계, 산물 등에 관한 독창적이고 특이한 내용을 담고 있
다. 그리고 우리나라에 대해서도 언급했는데, 상업이 발달한 풍요로운
나라로 묘사하고 있다.

제 9지역 : 12지역으로 구성된 중국 행정구역 중 하나인 제 9지역은 **Kao-li**라고 일컬어진다. 굉장히 풍요로운 지역이다. … 외국이나 Kao-li 출신 상인들이 우리에게 상품을 판매한다. … 이 모든 산물은 은과 교환해서 Kao-li 지역으로부터 구입한다. Kao-li에서 생산되는 아마포는 품질이 우수하고 아주 부드럽다.

아크바르가 중국을 여행한 시기는 조선 왕조 연산군(재위 1476~1506)이나 중종(재위 1506~44) 때인데 우리나라를 '고려'의 중국식 발음으로 표기하고 또 중국 12개 성 가운데 한 지역으로 묘사한 것이 특징이다. 이는 저자가 명나라에 도착한 후 그곳에서 조선 사람을 직접 만났거나 중국인들로부터 조선에 대해 직접 들은 것을 기록한 것이 아니라, 우리나라에 관한 지식을 간접적인 경로나 전대의 문헌을 통해 수집하여 서술했음을 보여주는 것이다. 이런 점에서 이 책은 라시드 앗 딘의 《집사》보다 후에 나온 저서이면서도 내용의 정확성은 더 뒤떨어진다.

한 가지 더 짚고 넘어가야 할 것이 있다. 우리는 《고려사》를 통해 고려 중후기에 아랍 상인들이 고려에 드나들고 또 고려에 머물렀다는 사실을 잘 알고 있다. 《고려사》 현종 15년(1024) 기록에 "10월 대식국(페르시아)에서 알라자 등 100명이 와서 교역품을 바쳤다"는 내용이나, 정종 6년(1039) 기록에 "11월 대식국 상인 보나함 등이 내왕하여 … 교역품을 바치니, 임금은 유사에게 명하여 객관에서 편히 머물게 하고 …"라는 내용 등 아랍 상인에 대한 언급이 여러 차례 보인다. 이는 그들의 왕래가 일회성에 그치지 않고 수시로 이루어졌음을 증명하는 것이다.

아랍 상인들이 고려 왕에게 바쳤다는 선물은 아라비아와 아프리카에서 서식 또는 생성되는 의약 재료와 방향제, 방부제로 모두 고려에서는 볼 수 없는 희귀한 것들이다. 이에 고려 왕은 담당자에게 명하여 숙소를 마련하여 그들을 편히 쉬게 하고 고려에서 만든 고귀한 비단을 선물로 내렸던 것이다. 그러나 이러한 사실 자체가 아라비아 쪽 문헌에 나와 있지는 않다. 고려를 직접 방문한 아라비아 상인들이 아랍 나라의 공식 사절도 아니었고 또 학자도 아니었기에 기록이 없었을 것이다. 여행기 같은 기록이 남아 있지 않기 때문에 고려에 와서 왕까지 만나고 간 아랍 사람들이 당시의 고려를 어떻게 부르고 어떻게 썼는지도 알 수 없다.

그러나 아랍의 뛰어난 지리학자 알 이드리시(Al Idrisi)가 1154년(고려 예종 8)에 그린 세계지도에 우리나라가 처음으로 나타났다. 이 지도에서 중국은 Sin(신)으로 표기되어 있고 중국의 동남단에 6개의 섬을 그려 넣고 al-Sila(실라)라고 적었다. 고려 건국 전인 9세기부터 아랍 문헌에 신라가 여러 번 등장했기 때문에 이런 표기가 나온 것이다. 신라의 모습이나 위치 또한 어처구니없지만 이런 현상은 16세기에도 나온다.

아무튼 아랍 사람들이 이렇게 고려를 방문했으니 그들과 고려 사회의 접촉이 빈번했음은 분명한 사실이다. 그런데도 어찌해서 고려 사람들의 고려 발음을 듣고 표기한 Goryo 또는 Gori와 같은 표기가 보이지 않는 것일까? 만약 고려에서 머물렀던 아랍 사람들이 고려를 고려 사람들이 발음하는 대로 표기한 기록이 있다면, 우리는 고려가 '고리' 또는 '고려'로 발음되었음을 쉽게 알 수 있었을 것이다.

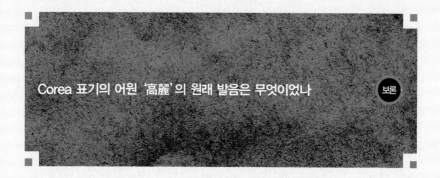

우리나라의 옛 이름이 어떻게 다른 나라 말로 표음되고 표기되었는지를 살펴보기 위해서는 먼저 역사적으로 우리나라 사람들이 우리나라 이름을 어떻게 발음하고 표기했는지를 알아야 한다.

그런데 애초 우리나라에 말은 있으되 문자가 없었다. 글자 기록이 없기 때문에 오늘날 우리가 말하고 있는 어떤 단어를 그 옛날 우리 조상들이 어떻게 발음했는지를 알 수가 없다. 중국은 우리나라 사람들이 발음하는 나라 이름을 충실하게 한자로 표음했고, 우리나라 사람들은 그 표기를 따랐으며, 한자를 빌려 우리의 일상과 역사를 기록해왔다.

이 한자 고유명사 高麗의 발음이 무엇인지를 알면 우리 조상들이 그 당시 나라 이름을 어떻게 발음했는지를 파악할 수 있다. 그리고 당시 사람들의 高麗 발음에 따라 우리나라 이름에 대한 서양 사람들의 로마자 표기(표음)도 달라졌을 것이다.

먼저 나라 이름 高句麗와 高麗의 관계부터 정립하고자 한다. 고구려가 역사서에 최초로 기록된 것은 서기 100년경 중국에서 편찬된《한서지리지(漢書地理志)》인데, 이 책은 기원전 2세기 때의 일을 기록하고 있다. 한나라 무제가 옛 조선을 멸망시키고 세운 한사군 가운데 하나인 현도군에 세 개 현이 있었는데, 그 가운데 하나가 고구려현(高句麗縣)이었고, 이 지역에 추모가 건국한 나라가 고구려였다. 그런데 고구려는 423년(고구려 장수왕 11) 무렵 국호를 高麗로 바꾸고 427년에 평양으로 천도했다. 국호가 高麗로 바뀐 고구려는 668년에 멸망했다.

그러면 서길수가 2007년《고구려연구》27집에 발표한 논문 〈'高句麗'와 '高麗'의 소릿값에 관한 연구〉를 중심으로 고구려와 고려 발음의 변화 과정에 대해 살펴보자.

고대 사서에 나온 高句麗와 高麗의 발음

다른 나라 말을 표음하여 나라 이름을 한자로 썼을 때 정확한 발음을 표현하는 데에는 많은 한계가 있을 뿐 아니라 같은 한자도 발음이 여럿인 경우가 많아 원래의 음과 다를 수가 있었다. 이러한 단점을 보완하기 위해서 중국의 학자들은 오래전부터 원래의 소리대로 읽는 방법을 주석으로 병기했다. 樂浪을 악랑이 아니라 낙랑으로 읽고, 契丹을 계단이 아니라 거란으로 읽는 것은 이러한 주석에 따른 것이다.

이러한 주석을 달아놓은 중국의 역사서가 송나라 왕흠약(王欽若) 등이 1005년부터 8년에 걸쳐 완성한《책부원귀(冊府元龜)》인데 중국의 상고 시대부터 오대(五代)까지의 역사를 다루었다. 그 뒤 1044년부터 무려 16년에 걸쳐 완성된 《신당서(新唐書)》, 송대의 역사가 사마광(司馬光)이 1065~84년에 편찬한 《자치통감(資治通鑑)》 등에도 고려의 발음에 대한 언급이 나온다.

이들 사서는 高麗의 麗 자 발음에 많은 주를 달고 있는데, 이는 麗의 발음이 당시 일반적으로 읽고 있는 발음과 달랐기 때문이었다. 또한 麗의 발음이 하나가 아니고 둘이었음을 말해주고 있다. 이들 사서에는 麗는 나라 이름 高句麗나 高麗의 경우 '려'가 아니라 '리', 즉 li로 읽어야 한다고 되어 있다. 다시 말해 高句麗는 고구리, 高麗는 고리로 발음하게 되어 있다.

그런데 이들 사료에 高 자에 대한 주가 보이지 않는 것은 왜일까? 高는 당시 중국이 쓰고 있는 음을 그대로 읽기 때문에 따로 주석을 달 필요가 없었다. 그러면 高는 중국에서 어떻게 발음되었을까? 한자의 옛 소리를 다룬 《한자고금어휘(漢字古今語彙)》에 따르면, 상고음에서는 '고(Ko)', 고대음에서는 '가우(kau)', 근현대 만다린에서는 '가오(kao)'로 발음이 변화했다.

高句麗라는 나라 이름은 이미 기원전 2세기부터 쓰였기 때문에 옛 高句麗의 高 자 발음은 기원전 700년경부터 쓰인 상고음에 해당된다. 그래서 高句麗의 高 자는 '고'로 발음해야 하고, 423년에 高麗로 국명이 바뀌었다 해도 '고리'로 발음했을 것이다.

高麗 시대 사료에 나온 高句麗와 高麗의 발음

이러한 역사적 배경을 알아야만, 서양 사람들이 중국에 와서 우리나라 이름의 발음을 듣고 표기한 로마자를 올바르게 이해할 수 있다. 결론적으로 말해 중국에서는 高를 시기에 따라 다르게 발음했지만, 麗만큼은 처음부터 계속 '리'로 읽었다.

루브룩과 마르코 폴로는 우리나라 고려를 Caule, Cauli로 표기했는데, 1200년대 후반에 중국 사람들이 高麗의 高를 kau로 발음했기 때문에 그렇게 표음했을 것이다. 그리고 麗는 언제나 li, 즉 '리'로 발음되었으므로 라틴계 언어를 쓰는 두 저자가 몽골 제국 시기의 중국 사람들의 발음을 듣고 Caule, Cauli로 표기했던 것이다.

이상의 분석을 다시 정리해보면, 중국 사람들은 처음에는 우리나라를 원래의 高句麗와 423년경에 국호가 바뀐 高麗를 각각 '고구리'와 '고리'로 발음했는데, 고려 시대에 접어들어 高麗를 '가우리'로 바꾸어 발음했음을 알 수 있다. 하지만 이러한 발음의 변천은 중국에서 일어난 일이지 고려 사람들이 자기 나라를 '가우리 또는 가오리'로 불렀다는 얘기는 아닐 것이다. 그렇다면 고려 시대 사람들은 자기나라 高麗를 무엇이라고 불렀을까?

668년에 멸망한 高句麗(423년경부터는 高麗)를 계승하기 위해 250년 뒤에 궁예가 세운 나라도 高麗라 했고, 그 후 918년에 왕건이 세운 나라 이름도 高麗였다. 뿐만 아니라 왕건의 고려 건국 이전에 옛 고려 땅에 고려 유민 대조영이 발해(渤海)를 건국하고 융성했던 시기까지 합치면 高麗라는 국호는 거의 우리나라 역사에 1,000년 동안이나 지속되었던 국명이었다. 그러니 그 발음이 원래의 우리말 '고리'에서 달라질 수는 없지 않았겠는가 하는 생각이 든다.

이런 추론을 확인할 수 있는 우리나라 고유의 문자가 없었다는 것이 안타까우나,《고려사》〈서희전〉에 기록된 사실은 의미 있는 방증이 될 수 있다. 993년(고려 성종 12) 거란의 소손녕이 쳐들어왔을 때 서희가 나서서 담판한 내용을 보자.

… 我國卽高勾麗之舊也故號高麗都平壤 …

우리나라가 바로 高句麗의 옛 땅이요. 그렇기 때문에 나라 이름을 '高麗'라

고 하였고, 평양에 도읍하였소.

서희의 말에 따르면 왕건이 세운 高麗는 추모가 건국하고 장수왕 때 高麗로 국호를 바꾼 나라 이름을 따라 지은 것이다. 그러므로 발음도 같은 '고리'였다고 할 수 있을 것이다.

조선 시대 자료에 나타난 高句麗와 高麗의 발음

조선 건국 후인 1446년 훈민정음(한글)이 반포되었다. 이후의 기록에 한글로 쓰인 高麗가 있다면 조선 시대 사람들이 高麗를 어떻게 발음했는지 파악할 수 있을 것이다. 그 첫 번째 예가《용비어천가》이다. 이는 훈민정

음 반포 1년 전에 정인지 등이 짓고 성삼문, 박팽년 등이 주석을 달아서 훈민정음 반포 1년 후인 1447년에 간행한 것이다. 그 6장에 다음과 같은 대목이 있다.

麗運이 衰ᄒ하거든 나라ᄒ 맛ᄃ시릴 씨 東海ㅅㄱᅀᅡ 져재 ᄀᆞᄒ니
주: 麗音裏高麗也. 太祖姓王氏名建

고려의 운이 다 되었으므로 나라를 맡으시려 할 때, 동해 물가가 저자 같으니
주: 麗 자의 소리는 리(裏)이니, 고리(高麗)를 말한다. 태조의 성은 왕씨이고 이름은 건(建)이다.

高麗를 읽는 법이 주에 언급되었다. 한글로 명확히 표기하지는 않았지만 高麗를 '고리'로 읽으라고 한문으로 주를 단 것이다. 이는 《용비어천가》 편찬 당시에 高麗를 '고리'로 발음했으며, 적어도 高麗 때 '고리'라고 일컬었다는 것을 알고 있었다는 방증이기도 하다.

그런데 이와 다른 예도 있다. 세종은 1431년 집현전 부제학 설순 등에 명하여 《삼강행실도》를 편찬하게 했는데, 훈민정음 반포 35년 뒤인 1481년(조선 성

《용비어천가》에서 조선의 창업이 천명에 따른 것을 보여주는 부분.
高麗를 '고리'로 읽으라는 주석이 포함되어 있다.

중국어 학습서 《노걸대》(왼쪽)와 《박통사》의 언해본.
전자는 상인의 무역 활동을, 후자는 일상생활을 주로 다루었다.

종 12) 〈열녀편〉을 한글로 옮겨 펴낸 이래 《삼강행실도》의 전체 부분이 언해본으로 1500, 1600, 1700년대에 중간되었다. 그런데 이 책에서는 高句麗나 고려 때 인물의 高麗 발음이 모두 한글로 '고구려'와 '고려'로 쓰여 있다.

게다가 1510년대 이전에 나온 중국어 학습서 《노걸대(老乞大)》, 《노걸대언해(老乞大諺解)》, 《번역노걸대(飜譯老乞大)》에서도 高麗가 사이시옷이 들어간 '고렷'으로 쓰였다. 또 다른 중국어 학습서 《박통사(朴通事)》를 한글로 옮긴 언해본이 1677년(조선 숙종 3)에 간행되었는데 그 속에서도 '고렷'으로 쓰여 있다.

《용비어천가》에서 명확하게 高麗를 '고리'로 발음한다고 주를 달았던 것과는 아주 다르게 조선 전기, 중기를 거치는 시기에 나온 언해본들에는 '고구려', '고려'로 되어 있는 것이다. 그렇다면 조선 시대에 사용한 발음들이 고려 때부터 입으로 전해 내려온 것인가, 아니면 한자를 한글로 옮기는 과정에서 실제의 소리보다는 당시 한자 읽는 법을 따라 그냥 옮겨 쓴 것인가 하는 의문이 생긴다.

조선 시대 때 한문을 한글로 옮긴 책 가운데 큰 위치를 차지하고 있는 《훈몽자회》는 1527년 최세진이 지었는데, 그 서문에 당시 사람들이 한문을 배우기 위해 《천자문》과 《유합(類合)》을 읽었다는 내용이 나온다. 그런데 두 책에서 麗는 '빛날 려'로 읽는 경우만 있고 '나라 이름 리'로 쓰는 예는 나오지 않는다. 그러므로 전해 내려온 원래 소리로 하지 않고 단순히 '麗＝려'로 옮겼을 가능성이 있다.

그런데 이병모 등이 1797년(조선 정조 21)에 펴낸 《오륜행실도(五倫行實圖)》를 보면 고려 시대의 인물 여섯 명이 소개되고 있는데, 모두 '고려'로 썼지만 '고려 적'이란 말이 세 번 나온다. 여기에서 '적'은 우리말로 '지나간 그때'를 나타내므로 '고려 때'를 말한다. 그러나 글로 쓸 때는 '고려 적'이라고 썼지만 말을 할 때는 '고리 적'이라고 했을 수 있다. 오늘날에도 '고리적'이라는 말은 많이 쓰인다. '오래된, 고리타분한'이란 뜻으로 쓰이는데, 사전에는 '고릿적'으로 나온다. 지금도 '고릿적 이야기'와 같은 용례로 쓰이고 있는 것을 보면, 책으로 나온 언해본보다는 오히려 이 구어체가 진실에 더 가까울지도 모른다.

청과 일본 그리고 우리나라 사전에 나온 高麗 발음

우리나라의 조선 후기에 해당하는 1716년 청나라에서는 강희제의 칙명으로 《강희자전(康熙字典)》이 출간되었다. 그런데 이 책에 따르면, 高麗, 高句麗는 '고리', '고구리'로 읽게 되어 있다. 이 자전은 우리나라와 일본에서도 가장 많이 참고한 중요한 문헌이다. 우리나라 옥편의 시조라 할 수 있는 《전운옥편(全韻玉篇)》은 정조 때(1776~1800) 나온 귀중한 사료인데 역시 高麗를 '고리'로 읽어야 한다고 명기하고 있다. 이 옥편도 한문으로만 쓰인 것이다. 조선 후기에 〈대동여지도〉를 완성한 지리학자 김정호가 1861~66년에 편찬한 《대동지지(大東地志)》는 高句麗의 麗를 '리'로 읽으라는 주를 한문으로 달아놓았다.

그 후 1909년에 나온 지석영의 《자전석요(字典釋要)》는 한글로 한자를 풀이한 최초의 근대적 옥편인데, 麗를 '리'로 읽는 법과 '려'로 읽는 법을 둘 다 밝혔지만 간단한 자전이라 '나라 이름 리'는 빠져 있다. 일제 강점기인 1915년에 간행된 최남선의 《신자전》에는 '고리나라[高麗東國]'라고 읽어야 한다는 것을 분명하게 밝히고 있다.

해방 후 1957년 한글학회가 편찬한 《큰사전》에는 '고구리'라는 단어가 있고, 1966년 민중서림의 《한한대자전》 초판, 1973년 이가원과 장삼식의 《한자대전》, 1983년 태평양출판사의 《최신대옥편》, 1984년 홍자출판사의 《최신홍자옥편》, 1984년 명문당의 《명문한자대자전》, 1990년 동아출판사의 《새한한사전》, 1997년 민중서림의 《한한대자전》 등 현대의 자전들은 麗 자를 '려'와 '리' 두 가지로 읽는다고 밝히고, 나라 이름을 쓸 때는 나라 이름으로 읽어야 한다는 것을 강조하고 있다. 高句麗, 高麗 같은 나라 이름의 경우에는 '고구리', '고리'로 읽도록 명기되어 있다.

일본에서 나온 1959년《대한화사전》에 麗는 '레이', '라이'로 발음하지만 한국에서 麗를 나라 이름으로 읽는 경우에는 '리'로 발음한다며 '고구리'의 예를 들고 있다. 그런데 현재 한국의 영향 때문인지 '고구려'의 예도 적고 있다. 대만의 중화서국이 1982년 출판한《사해(辭海)》도 '리'로 읽는 예로 高麗를 들고 있다.

이와 같이 한자를 공용하는 아시아 삼국의 자전에서 모두 高麗를 '고리'로 읽는 것을 밝혔다. 이러한 사실은 참으로 놀랄만한 일이다. 이러한 역사적 사실이 좀 더 확증되면 우리가 아직까지 고려라고만 발음해온 高麗의 명칭은 '고리'로 바꾸어야 할 것이다. 그리고 이러한 사실은 한자를 쓰는 동양3국의 테두리를 벗어나서 서양인들이 부른 高麗가 어떻게 표음되었는가에 따라 역으로 확인될 수도 있는 것이다. 이러한 역사어원론적 지식을 바탕으로 1500년대 이후 高麗 발음에서 파생한 우리나라 로마자 표기들을 어원론적으로 살펴보고자 한다.

| 2부 |

저마다의 발음대로 표기하다

13 ~14세기 몽골 제국이 통합해놓은 유라시아의 여행로를 따라, 루브룩과 같은 선교사들이나 마르코 폴로 같은 여행가들이 속속 중국 땅을 밟았다. 그들은 몽골인과 중국인을 통해 간접적으로 우리나라를 접하고, 자신들의 저서에 우리나라를 로마자로 표기하기 시작했다. 하지만 극동의 참모습이 유럽에 본격적으로 소개되기 시작한 것은 15세기 후반부터 시작된 대항해 시대부터였다. 특히 1500년대 이후부터 포르투갈을 필두로 하여 유럽 여러 나라들이 바닷길을 통해 극동을 방문하기 시작했다. 그리고 우리나라는 중국과 일본보다 조금 늦긴 했지만 그들에게 서서히 알려지기 시작했다. 처음에는 중국과 일본의 창을 통해서였지만, 16세기 후반부터는 우리나라를 직접 방문하는 사람들도 생겨났다.

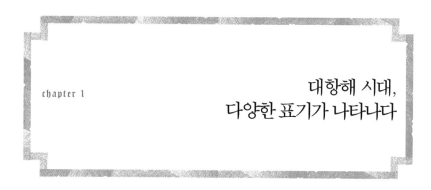

chapter 1

대항해 시대,
다양한 표기가 나타나다

16세기 포르투갈이 본격적으로 동방 무역에 나서 아시아에 대한
정보를 서양에 알리면서, 많은 서양인들이 아시아 여정 길에 오
르기 시작했다. 특히 가톨릭 선교사들의 활동이 활발했다. 그들은 아시
아에서 선교 활동을 벌이면서 습득한 지식을 바탕으로 수많은 저서를 출
간했고, 우리나라에 관한 기록도 곳곳에 남겼다. 그러나 초기에는 우리
나라를 직접 방문하여 기록을 남긴 선교사가 없었다. 따라서 우선은 아
시아의 다른 나라를 방문한 선교사들이 남긴 우리나라에 대한 기록부터
살펴보아야 할 것 같다. 직접 방문한 후 작성한 기록이 아니기 때문에 부
정확한 면이 많지만, 당시 우리나라 로마자 국호의 변화 과정을 파악하
기 위해서는 반드시 짚고 넘어가야 한다. 특히 일본에 파견된 예수회 신
부들이 작성한 서간문들은 우리나라에 대한 유럽인들의 초보적 인식을
형성하는 데 중요한 역할을 했다.

Gore, Gores, Gori가 高麗인가 — 1510년대

1507년 인도 서해안의 고아를 점령한 포르투갈인 2대 인도 총독 알부케르크(Alphonso de Albuquerque)에겐 한 가지 고민이 있었다. 1498년 5월 바스코 다 가마가 아프리카 최남단의 희망봉을 돌아 인도의 캘리컷에 도착한 후 포르투갈은 10년 가까이 동방 무역을 추진하고 있었지만, 수많은 난관에 봉착해 있었다. 무엇보다도 가장 큰 걸림돌은 현재의 말레이시아 남부에 위치한 말라카 왕국의 존재였다. 1402년 건국한 말라카 왕국은 당시 동남아시아의 해상 무역을 장악하고 있었다. 포르투갈의 입장에서는, 자신들이 유럽 시장에 판매하기를 희망했던 상품을 인도 시장에서 구입할 경우 말라카를 통해 유입되는 같은 종의 상품과 경쟁할 수 없었다. 따라서 말라카의 무역망을 장악하는 것이 급선무였다.

1509년 알부케르크는 말라카 점령을 시도했으나 실패했다. 그런데 얼마 후인 1510년 2월 말라카 왕국에 포로로 잡힌 아라우조(Rui de Araujo)라는 자가 알부케르크에게 편지를 보냈다. 그는 이 편지에서 흥미를 끌만한 이야기를 한 가지 전해주었다. Guores 또는 Gores라는 사람들이 말라카에서 무역 활동을 하고 있다는 것이었다. 이 Gores가 '고려'와 비슷한 어감이라는 점에서 우리의 관심을 끈다.

우선 고레스가 고려와 관련이 있으려면 Gores는 Gore의 복수인 '고려 사람들'이어야 한다. 포르투갈어도 영어와 같이 명사 끝에 s가 붙으면 복수형이 되어 'Gore 사람들'이 된다. 포르투갈 사람들은 Gore라고 쓴 단어를 보통 '고레'로 발음한다고 하는데, '高麗'의 려를 발음하기 힘들어서 Gore로 표음했을 수도 있을 것이다. 또는 高麗가 '고리'였다고 해도 Gore로 표기했을 수도 있다. 루브룩이 '가우리'를 Caule로 표기한 경우와 같을 수도 있기 때문이다. 그렇다면 Gores는 우리나라 사람이었을 가능성이 있다.

1511년 포르투갈이 말라카를 정복하는 데 성공하자, 많은 포르투갈인들이 이 지역을 왕래하기 시작했고 동양에 관한 지식을 본격적으로 유럽으로 전하기 시작했다. 이듬해인 1512년 인도 약재 책임자인 피레스(Tome Pires)는 포르투갈 국왕의 명을 받아 말라카에서 활동한 후 1515년 인도로 돌아왔다. 그는 말라카에 머무는 동안 이 지역의 무역 활동 정보를 입수하여 동양 사람들의 경제활동 보고서 《동양요록(Suma Oriental)》을 작성했다. 이 책에도 Gores가 등장하는데, 중국, 류큐, 일본에 대해 언급하면서 Gores를 류큐(Lequea)에 사는 사람들이라고만 썼다. 북한의 언어학자 장영남에 따르면, 1513년 6월 포르투갈 국왕이 로마 교황 레오 10세에게 보낸 편지와 1577년에 출판된 알부케르크의 전기에 Gores라는 상인단이 류큐로부터 말라카로 오곤 했다는 내용이 나온다고 한다.

유럽과 일본의 학자들 가운데는 Gores가 조선이나 일본에서 류큐로 온 사람들이라고 주장하는 사람들도 있다. 그리고 정성화에 따르면, 알부케르크의 아들 브라즈 알부케르크(Braz d' Albuquerque)는 1557년 아버지의 업적을 기리기 위해 동남아시아 지역에 관한 지식을 총집성한 《논평(Commentario)》이라는 책을 펴냈는데, 그 속에서도 Gores에 대한 기록이 나온다.

Gores가 살고 있는 지역은 류큐라고 불린다. … Gores는 중국에 조공을 바치는 나라의 사람들로서 안전 항해를 위해 처녀를 바다에 제물로 바쳐 제사지내는 우상 숭배자들이다.

이러한 관습은 곧 장님이 된 아버지의 눈을 뜨게 하기 위해 처녀 심청이 인당수에 몸을 던지는 우리나라의 고전《심청전》을 연상시킨다. 하지만《심청전》과 같은 설화는 우리나라에만 있었던 것은 아니며 동남아시아 해안 지역 일대에 널리 퍼져 있는 설화이기 때문에, Gores를 고려와 직접 연결짓는 것은 좀 무리가 따른다.

그렇다면 Gores는 고려와 아무런 관련도 없는 것일까? 피레스와 같은 시기에 인도와 말라카에서 활동한 이탈리아 출신의 엠폴리(Giovanni da Empoli)라는 사람이 죽기 전인 1514년 피렌체로 편지를 보냈는데, 이 편지에서 Gori라는 지역에 대해 언급하고 있다.

북쪽으로 가면 Cini, Lechi, Gori라고 부르는 중국 지역이 있다.

앞서 피레스는 Gores를 류큐에 사는 사람들이라고 본 반면, 엠폴리는 Lechi(류큐)와 Gori를 나란히 언급하고 있다. 나란히 언급했다는 것은 서로 다른 지역임을 의미한다. 또한 Gori는 Gore와 같은 대상이라고 생각된다. 엠폴리는 피레스와 만난 적이 있으며, 피레스가 이후 중국대사로 임명되어 1517년에 광동에 갔고 그곳에서 Luchuans, Guores, Japanese 등을 만났다는 기록을 남겼기 때문이다. 여기서 Guores를 Gores와 같은 것이라고 생각한다면, 류큐인과 Gores와 일본인을 만났다는 기술 자체는 결국 Gores가 중국인도 류큐인도 일본인도 아닌 제3의 나라 사람들이라는 뜻이 된다.《동양요록》에서 Gores를 류큐에 사는 사람들이라고 했던 피레스가 몇 년 사이에 엠폴리와 같은 견해를 갖게 된 것이다. 따라서 'Gore=高麗'일 개연성이 커졌다. 하지만 'Gore=高麗'가 아직 확실히 입증된 것은 아니다.

《동양요록》이나《논평》의 기록을 종합해보면, Gores 상인들은 1월에 말라카에 두세 척의 배로 항해해 와서 8월이나 9월에는 본국으로 돌아가는데 어디라고 밝히지 않는다고 했다. "매우 정직하고 신용이 있는 사람들로 말수가 적다. 금, 구리, 비단, 도자기, 보석함, 부채 등을 팔며 무역은 말라카, 중국, 일본에서 한다. 가톨릭을 믿지 않으며 중국 황제에게 조공을 바친다." 하지만 이러한 정보로는 Gores가 어느 나라 사람들인지 여전히 속단하기 어렵다. 그렇다고 해서 고려가 아니라고 단정할 수도 없다. 두 문헌 모두 "Gores 상인들의 본거지는 섬"이라고 언급한다. 이를 두고 Gores는 고려가 아니라는 증거로 생각할 수도 있다. 하지만 앞서 언급한 것처럼 중세 이후 서양인들은 고려를 섬으로도 인식하고 있었기 때문에 이 부분만 가지고 고려와 관련이 전혀 없다고 말할 수도 없다.

그렇다면 1510년대에 말라카에서 활동한 Gores는 도대체 어느 나라 사람들이었을까? 중국인이나 일본인이 아닌 것은 확실하다. 당시 두 나라에 대한 유럽인의 지식은 상당히 축적되어 있었기 때문에 혼선을 일으켰을 가능성은 거의 없다. 그렇다면 조선인, 대만인, 또는 류큐인 가운데 하나일 가능성이 크다고 좁혀서 말할 수 있을 것이다. 또는 홍이섭의 지

일본에 도착하는 포르투갈인들.
예수회 선교사들이 일본 나가사키 항으로 들어오는 포르투갈 상인들을 환영하고 있다.

적대로, 조선에서 류큐나 대만으로 부착해온 사람들일 가능성도 있다.
하지만 당시까지의 우리나라 역사에는 이 지역과 교역 활동을 했다는 기
록이 아직은 보이지 않는다.

토레스와 란칠로토의 Coree
— 1548년

예수회 창설자 가운데 한 사람인 사비에르(Francisco Xavier) 신부는 극동 지역 포교를 위해 1547년 12월 말라카에 도착했다. 이곳에서 그는 일본에서 살인죄를 저지르고 온 사무라이 야지로(Yajiro Anjiro)를 만났다. 야지로는 사비에르 신부의 인도로 영세를 받고 인도의 고아(Goa)에 있는 성 바울 학교(College of St. Paul)에서 수련을 받으며 포르투갈어도 익혔다. 사비에르는 야지로에게서 처음으로 우리나라에 관한 이야기를 들었다.

사비에르는 일본 선교를 떠나기에 앞서 두 사람의 수행원을 임명했다. 스페인 출신 예수회 신부 토레스(Cosme Torres)와 그의 수사 페르난데스(Juan Fernandez)였다. 그런데 이 두 사람 역시 1548년 3월경 야지로와 그를 동행한 두 명의 일본인으로부터 우리나라에 관한 이야기를 들었다. 로마에서 예수회 문서를 연구하는 메디나(Juan Ruiz de Medina) 신부에 따르면, 토레스와 이탈리아 신부 란칠로토(Nicolo Lancillotto)는 이런 내용을 인도의 고아에서 편지로 작성해 리스본과 로마로 보냈다고 한다. 메디나는 이 편지가 1549년 6월 리스본에, 그리고 이듬해 9월에는 로마에 도착했을 것이라고 추정하고 있다. 그 편지에 우리나라에 관한 언급이 있다.

> Tem tãobem trato os japães com outra jemte abaixo da China p ᵃ Leste, chamada **Coree**. Lé tãobem levão prata e peles de martas [⋯]. Trazem de lá panos d'alguodão.
>
> 일본 사람들은 중국보다 더 동쪽에 있는 **Coree**라고 부르는 나라 사람들과 교역을 한다. … 그 나라에서는 은과 담비 가죽과 면직물을 교역한다.

여기에 나오는 Coree는 고려의 중국식 발음 gaoli와는 관련이 없어 보인다. 고려(高麗)의 '고라이'가 아닌 또 하나의 일본식 발음, '고레이'에서 비롯된 것이라고 볼 수도 있지만 이 역시 불확실하다. 그렇다고 해서 고려의 발음을 직접 따서 표기한 것도 아닌 것 같다. 그러면 이미 여성형 'e'가 붙은 나라 이름 Coree는 어디에서 비롯된 것일까? 원래는 Core라는 단어가 먼저 나오고 이 단어 끝에 e가 붙은 Coree가 나오는 것이 순서인데, 우리는 아직까지 Core라는 표기를 보지 못했다. 아니면 이미 Core라는 이름이 Coree가 나오기 이전의 문헌이나 지도에 등장했지만 현전하지 않아 우리가 보지 못했을 수도 있다. 여하튼 이 Coree는 Caule, Cauli, Kaoli 등 중국 사람들의 발음을 따른 표음이 아닌 로마자로 표기한 최초의 우리나라 이름이다.

조선 선교 책임자 빌렐라의 Coray, Corea — 1571년

1566년 토레스 신부는 사비에르의 후임으로 일본 교구의 책임자가 되었다. 그는 포르투갈 신부 빌렐라(Gaspar Vilela)에게 조선 선교의 책임을 맡겼다. 빌렐라는 조선에 들어가려고 여러 차례 계획했으나 일본 국내에서 일어난 전쟁 때문에 뜻을 이루지 못했다. 하지만 그는 조선 상륙을 준비하면서 조선 선교에 필요한 자료를 수집했다. 그의 1571년 2월 4일 편지에 다음과 같은 기록이 있다.

> 일본에서 다른 방면으로 열흘 정도 가면 **Coray**라고 부르는 왕국이 있다. 나는 4년 전에 이곳에 가려고 했다. 이 왕국은 대(大)타타리의 시작이다. 사람들은 이곳을 지나면 독일에 이른다고 한다. 주민들은 백인이다. 나는 그곳에 가려 했지만, 일본 국내의 분쟁으로 갈 수 없었다.

여기서 Coray는 高麗의 일본식 발음 '고레이'를 표음한 것인데 麗를 나라 이름으로 발음할 때는 '고라이'로도 발음한다. 여하튼 빌렐라의 편지는 우리나라 고려를 Coray라고 표기한 최초의 기록이라고 생각한다. 일본에서 아주 가까운 조선을 열흘이나 걸린다고 한 것을 보아도, 그들이 우리나라에 대해 정확히 알지 못했음을 알 수 있다. 우리나라가 타타리의 시작이라고 언급한 것은 그럴 듯하지만, 독일이 아주 가까이 있다고 생각했을 만큼 아시아의 지리에 어둡기도 했다. 아프리카의 흑인들을 잘 아는 유럽 사람들이라 흑인을 제외하고는 노란 피부의 동양인조차도 백인종으로 보고 있었던 모양이다. 일본 안에서는 빈번한 민란과 영주 간의 패권 다툼으로 매우 혼란스러운 시기였다.

빌렐라는 1571년 10월 20일 또는 11월 5일 편지에서 다음과 같이 썼다.

> 일본에서 다른 쪽으로 3일을 가면 Coray라는 커다란 왕국이 있다. 주민들은 건장한 남자와 전사들인데 말을 타고 달리면서 활을 쏘고 창과 칼을 잘 쓰는 훌륭한 기마병들이다. 남자들은 수염이 길다. 종종 사자와 호랑이 사냥을 즐 긴다.

조선에 3일이면 도달한다는 것은 일본과 조선 사이의 간격을 좀 더 정 확하게 알게 되었음을 뜻한다. 그런데 빌렐라가 우리나라의 기마병에 대 해 언급한 점이 자못 흥미롭다. 우리나라 사람들의 무예가 특출하다는 사실도 그가 인지했음을 알 수 있다.

그런데 그가 일본을 떠나 인도 고아에 갔을 때 작성해서 예수회의 보르 하(Francisco Borja) 총장에게 보낸 1571년 11월 3일의 편지에는 우리나라 가 Corea로 표기되어 있다.

> ··· Estão também dous dias de caminho outros reinos entre a China e Japãn, chamada **Côrea**, aos quais nós chamamos tártaros. ···
> ··· 중국과 일본 사이에 있는 **Corea**라고 불리는 다른 왕국. ···

이는 우리나라가 Corea로 표기된 최초의 기록이다. 1571년의 일이다.

그는 또 이 나라에 가면 중국의 수도(북경)로 가는 것이 쉬울 것이라는 언급도 남겼다. 빌렐라는 Corea에 가면 일본 영주들의 도움으로 전도도 잘될 것이라고 보았지만, 일본 내부에서 분쟁이 끊이지 않아 이 땅에 갈 수 없다고 썼다.

빌렐라가 1571년 11월 3일에 작성한 편지는 당시까지 작성된 예수회 신부들의 서간문 가운데 가장 포괄적으로 한국을 언급한 것이었다. 정성화에 따르면, 이 글은 1598년 에보라(Evora)에서 출판되어 유럽인들에게 광범위하게 보급된 《서간문집(Cartas)》에 삽입되어 유럽에 한국을 알리는 데 크게 기여했다. 빌렐라는 한국 포교에 대한 예수회 총장의 후원을 확보하기 위해 이 서신을 작성했지만, 그의 계획은 실행되지 못했다. 예수회 신부들은 일본의 포교를 무엇보다도 중요한 과제로 간주했으며, 조선까지 선교사를 파견할 여력이 없었던 것이다. 결국 1570년 토레스가, 1572년에는 빌렐라가 사망하면서 조선 선교 시도는 무산되고 말았다.

명나라를 다녀간 라다의 Taucian과 Chausien — 1576년

스페인 출신의 라다(Martin de Rada, 1533~78)는 아우구스티누스회 소속 수도사였다. 그는 1560년 멕시코로 건너가 선교 활동을 하다가 1565년 아시아 선교에 뜻을 두고 필리핀으로 갔고, 1572년 필리핀 아우구스티누스회의 분구관장이 되었다.

스페인의 동방 진출은 포르투갈보다 반세기 더 늦게 시작되었다. 포르투갈과 스페인이 교황과 맺은 조약인 파드로아도(Padroado) 때문이었다. 15세기 후반부터 지리상의 발견 시대가 열려 당시의 해양 대국인 스페인과 포르투갈이 식민지를 개척함에 따라, 교황청이 두 왕국의 충돌을 피하기 위해 두 왕국과 선교 보호권 조약을 체결했는데, 이를 파드로아도라고 한다. 이 조약을 통해 교황청은 대서양 서쪽의 탐험 항해권을 스페인이 독점하게 하고 포르투갈에게는 대서양 동쪽으로의 탐험만 허락하는 칙령을 내렸다.

그러나 1565년 4월 레가스피(Miguel Lopez de Legazpi)가 필리핀 제도를 공략한 것을 계기로, 후발 주자 스페인도 동양 개척에 본격적으로 뛰어들기 시작했다. 라다는 이러한 흐름에 편승하여 아시아 선교에 나섰던 것이다.

1575년 6월 12일 라다는 스페인 사람으로는 최초로 중국 사절단원의 단장이 되어 마닐라를 출발, 중국 복건성 하문(廈門)에 도착했다. 그는 두 달 동안 체류하면서 다양한 자료들을 수집했다. 교역과 포교에는 이렇다 할 성과를 거두지 못했지만, 스페인으로 귀국한 라다는 《중국에 관한 보고서(Relacion de las cosa de China que propriamente se llama Taybin)》로 알려진 필사본을 스페인어로 저술해서 1576년 5월 1일 국왕 필리프 2세에게 헌정했다. 그는 마르코 폴로의 Cathay가 중국을 가리키는 말이라는 것을 최초로 밝힌 유럽 사람이며 중국을 방문한 최초의 스페인 사람이다.

그의 저서에는 우리나라가 두 가지 방식으로 표기되어 있다. 아래의 글에서 그는 우리나라를 Taucian이라고 표기했다.

… 류큐의 북쪽에 (우리가 Japons라고 하는) Gitpon(일본)이 있고 일본보다 더 북쪽에 **Taucian**(조선)이 있다. 산동만의 입구에 Tanhay가 있고 ….

라다는 또 우리나라를 중국의 조공국 가운데 하나로 포함시켰는데, 다음 글에서는 우리나라를 Chausien이라고 표기하고 있다.

중국의 조정이 있는 Suntien(순천부, 현재의 북경)에는 조공국의 사신들이 기거하는 관저 문에 나라 이름들이 새겨져 있다. 그들이 그 나라들의 명단을 나에게 주었는데 … Cauchin, Leuquia, Chienlo, Malacca, Payni, Campuchi, **Chausien**, Tata, **Cauli**, Gitpon, Vyhue … 등의 나라들이 중국에 조공을 바친다.

라다의 기록을 논증하기에 앞서, 우선 중국 사람들은 한자로 쓴 朝鮮을 '차오시엔' 이라고 발음한다는 것을 알아둘 필요가 있다. 그러면 두 번째 인용문에 등장하는 Chausien이 조선을 가리킨다는 사실을 알 수 있을 것이다. 그런데 첫 번째 인용문에서 언급된 Taucian은 문맥상 조선을 가리키는 것 같지만 Chausien과 철자와 발음이 모두 다르다. 왜 이런 현상이 벌어진 것일까? 라다가 주로 활동했던 복건성 하문에서는 조선을 Tiausien이라고 발음했다. 따라서 Taucian은 라다가 복건성 하문의 방언인 Tiausien이라는 발음을 듣고 옮겨 적는 과정에서 변조된 형태이며, Chausien과 Taucian은 내용상 같다고 볼 수 있다. 우리나라를 현대 중국어 발음인 '차오시엔(Chao-hsien)' 에 가깝게 표기한 것은 저자가 조사한 범위 내에서 이것이 최초이다.

그런데 두 번째 인용문을 다시 살펴보면, Chausien과 함께 Cauli가 등
장한다. 앞서 언급했지만 Cauli는 300여 년 전 마르코 폴로가 남긴《동방
견문록》에서 우리나라를 가리키는 명칭으로 사용한 것이다.

프레네스티노와 프로이스의 Coria — 1578, 1590년

이탈리아 출신의 프레네스티노(Antonio Prenestino) 신부는 몬테이로
(Domingo Monteiro) 선장이 이끄는 포르투갈 범선을 타고 마카오를 떠나
일본을 향해 가고 있었다. 예수회 소속 신부 등 열네 명을 태운 이 배의
항해는 처음 20여 일 동안에는 순조로웠다. 그러나 일본에 도착하기 바
로 전에 태풍을 만나고 말았다. 배는 방향타를 잃고 북쪽으로 표류하여
조선 남부 해안으로 접근했다.

　상황이 이 지경에 이르자, 배 안에 탄 사람들 사이에 논쟁이 벌어졌다.
조선 해안에 배를 정박시켜 태풍을 피할 것이냐, 아니면 죽음을 각오하
고서라도 상륙을 피할 것이냐? 그들은 왜 이토록 상륙을 꺼렸을까? 바로
전해에 포르투갈 배가 조선 해안에 상륙했다가 선원들이 겨우 죽음을 면
하고 빠져나왔다는 소문이 떠돌고 있었고, 몬테이로 선장도 이를 알고
있었기 때문이다. 심지어 조선 사람들에게 죽느니 차라리 자살을 택하겠
다고 말하는 사람들도 있었다. 그들로서는 다행스럽게도 배는 표류를 이
겨내고 다시 바다로 나와 일본에 도착할 수 있었다. 이처럼 당시 우리나
라는 유럽 사람들에게 공포의 대상이었던 것 같다.

이 일이 있은 뒤 이 배에 탔던 프레네스티노 신부는 1578년 11월 8일 포르투갈 리스본으로 편지 한 통을 보냈다.

Queria varar em **Coria**, que he hua ilha de tartaros barbaros, longe de Iapao, pera se quer se poderem salvar alguns ainda que catiuos.

일본에서 멀리 떨어진, 불친절한 야만인들의 섬 **Coria**에 배를 댈 **뻔했다**가 겨우 빠져나올 수 있었다.

그의 편지에는 조선이 Coria로 표기되어 있었다. 우리나라를 Coria라고 표기한 최초의 기록이다. 라틴계 언어를 쓰는 사람이 아닌 누군가로부터 조선이 '고리'라는 얘기를 들었기에 Cori로 쓰고, 그 고유명사에 나라 이름을 표기할 때 붙이는 접미사 a를 붙여 나라 이름 Coria로 표기하게 된 것이다. 그가 조선 사람 또는 고려(고리)를 잘 아는 중국인이나 일본인으로부터 우리나라가 '꼬리'라고 들어서 이렇게 표기했는지 모르겠지만, 이는 Core라는 발음을 듣고 Corea로 쓴 것과 같다. 프랑스 사람들이 Coré에 나라를 뜻하는 접미사 e를 붙여서 Corée로 쓴 것과도 통하는 데가 있다. 즉 고려가 그 옛날에 만약 고리로 불렸다면, 이것이야말로 고려 사람들로부터 직접 들었거나 중국 사람들이 '고리'로 발음하는 것을 듣고 Cori에 나라 이름을 표기할 때 붙이는 a를 붙여 만든 것이 아니겠는가?

그런데 포르투갈 사람이 Coria로 부른 사례는 프로이스의 서한문에도 등장한다. 지금부터 프로이스가 우리나라를 어떻게 표기했는지 살펴보자.

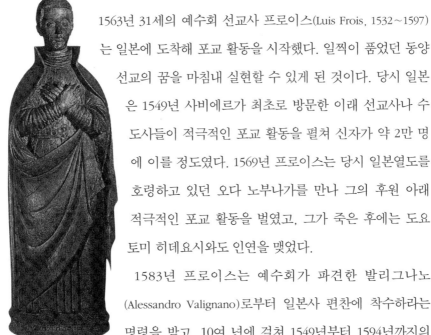

1563년 31세의 예수회 선교사 프로이스(Luis Frois, 1532~1597)는 일본에 도착해 포교 활동을 시작했다. 일찍이 품었던 동양 선교의 꿈을 마침내 실현할 수 있게 된 것이다. 당시 일본은 1549년 사비에르가 최초로 방문한 이래 선교사나 수도사들이 적극적인 포교 활동을 펼쳐 신자가 약 2만 명에 이를 정도였다. 1569년 프로이스는 당시 일본열도를 호령하고 있던 오다 노부나가를 만나 그의 후원 아래 적극적인 포교 활동을 벌였고, 그가 죽은 후에는 도요토미 히데요시와도 인연을 맺었다.

1583년 프로이스는 예수회가 파견한 발리그나노(Alessandro Valignano)로부터 일본사 편찬에 착수하라는 명령을 받고, 10여 년에 걸쳐 1549년부터 1594년까지의 시기를 대상으로 편년사 형식의 《일본사(*Historia de Japam*)》를 집필했다.

루이스 프로이스의 목상.

이 책에는 당시 일본에서 활동하고 있던 신부들의 서한문이 다수 포함되어 있지만, 무엇보다 우리의 관심을 끄는 것은 임진왜란 초기 우리나라의 사정이 자세하게 기술되어 있다는 점이다. 이 책에는 프로이스가 당시 일본의 패자 오다 노부나가를 만났을 때 일본이 중국을 침략하기 위해 함대를 마련하고 있다는 얘기를 들었다는 기록이 있다. 프로이스는 1582년 11월 5일자 편지에서 이 사실을 본국에 보고했다. 1586년 5월 4일 도요토미 히데요시와 만났을 때에도 그로부터 조선 침략 계획을 들었다고 한다.

이 책은 임진왜란 초기의 전황에 대해서도 자세하게 언급하고 있다. 당시 일본에 체류하던 브레치아노(Orantino Bresciano) 신부가 1594년에 작성해 예수회 총장 아콰비바(Claudio Aquaviva)에게 보낸 서신이 이 책에 실려 있는데, 그 서신에는 일본이 조선을 침략하자 왕이 피난 간 이야기, 의병이 일어났다는 이야기, 조선 수군이 잘 싸운다는 이야기가 적혀 있다. 그는 또 일본의 조선 침략을 비판하는 내용을 담기도 했다.

그러면 프로이스는 우리나라를 어떻게 표기했을까? 프로이스가 1590년 작성한 편지에 다음과 같은 내용이 담겨 있다.

> 도요토미 히데요시가 바다로 분리되어 있는 Coray 땅, 즉 포르투갈 사람들은 **Coria**라고 부르는 땅으로 일본 군대를 보낼 준비를 하고 있다.

그리고 그는 그때까지 우리나라를 섬으로 알고 있었던 포르투갈 사람들의 잘못을 지적하고, 우리나라는 일본에서 20리그(league)밖에 안 되는 곳에 위치한 반도이며 중국과 맞닿아 있다는 사실도 덧붙였다. 위의 인용문에서 우리가 주목해야 할 것은, 우리나라를 포르투갈 사람들은 Coria로, 일본인들은 Coray라고 부른다고 기록한 점이다. 프로이스는 포르투갈 사람들이 우리나라를 Coria라고 부른다고 했는데, 이는 앞서 살펴본 프레네스티노의 표기법과 일치한다. 하지만 프로이스는 임진왜란 초기의 조선에 대한 기술에서 Coria가 아닌 Coray를 계속 사용하고 있다. 그런데 프로이스가 1591년과 1592년 스페인어로 작성한 보고서의 표기는 또 다르다. 일본을 통합한 도요토미 히데요시의 조선 침공(임진왜란)

에 대해 기록한 이 글에서는 조선을 Kingdom of Corey라고 표기했다. 이는 앞에 나온 Coray와 같은 발음의 다른 표기일 뿐이며, 또한 Core와 관련지을 수도 있을 것이다.

로드리게스의 Core — 1500년대 중후반

포르투갈 출신의 로드리게스(Tsuzu Joao Rodrigues, 1561년경~1633)는 10대 초반의 어린 나이에 포르투갈을 떠나 일본으로 향했다. 불우한 환경에서 자란 고아 로드리게스에게 일본은 기회의 땅이었다. 1577년 일본에 도착한 그는 1580년 일본에 있는 예수회 신학교에 입학하여 기본적인 인문학과 스콜라 철학을 배웠다. 그러면서 예수회 신학교 소속 일본인 학생들에게 라틴어를 가르치며 자연스럽게 일본어를 배웠다. 1596년에 신부가 된 로드리게스는 당시 일본어에 가장 능통한 유럽인으로서 일본 정계에서 통역가로 활약했다. 1610년 중국 마카오에 도착한 로드리게스는 이번에는 중국 문화에 심취했다. 그는 마카오에 본부를 둔 예수회 일본 선교단의 재무관으로 활동하면서 필생의 역작을 집필했다. 이 책이 바로《일본 교회사(Historia de Igreja do Japao pelo Pe)》이다.

정성화에 따르면,《일본 교회사》는 1549년부터 1590년까지의 포교사를 다루고 있다. 총 3부로 구성되어 있는데, 현재는 1부 10책 가운데 2책과 2부의 1책만이 남아 있다. 실제로 집필한 시기는 그가 중국에 거주하던 1620~21년과 1633년이다. 그런데 이 책의 1부 가운데 남아 있는 두 책에 우리나라에 관한 서술이 있다.

> It is known from the histories of Córai and Japan that some part of these islands were populated from the kingdom of Córai called **Core** by its natives and Cauli by the Chinese.
>
> … Corai 왕국은 중국 사람들이 Cauli라 부르지만 Corai 사람들 자신은 **Core** 라고 부른다.

로드리게스는 우리나라 사람들이 스스로를 Core라고 부른다고 기술하고 있다. 그리고 대마도가 예전에는 Core에 속했다는 흥미로운 기록도 남기고 있다.

> … 대마도는 지금은 일본의 일부이지만 전에는 **Core**에 속했다.

앞서 저자는 토레스와 란칠로토가 쓴 편지에서 우리나라가 Coree로 표기되었음을 언급했다. 그리고 원래는 Core라는 단어가 먼저 나오고 여기에 e가 붙은 Coree가 나오는 것이 당연한 순서라고 지적한 바 있다. 그런데 Core라고 표기한 기록이 로드리게스의 책에도 등장한 것이다. 두 문헌 가운데 어느 쪽이 먼저 나온 것인지는 알 수 없지만, 아무튼 Core는 Corea의 어원을 밝히는 데 중요한 단서가 된다.

린스호턴의 Core, Chausien — 1596년

1580년 스페인이 포르투갈을 통합하자, 그동안 포르투갈이 독점하던 동양 무역에 유럽의 다른 나라들도 편승할 수 있게 되었다. 네덜란드 출신 린스호턴(Jan Huygen van Linschoten, 1563~1611)은 그러한 역사적 배경 속에서 활동한 인물이다. 린스호턴은 1563년 네덜란드의 하를럼에서 출생했다. 그는 스페인에서 상업에 종사하고 있는 형들을 돕다가, 1583년 인도 고아의 대주교로 임명된 폰세카(Vincente Fonseca)의 수행원으로 인도로 갔다. 그는 이곳에서 또 다른 네덜란드인 폼프(Dirck Gerritsz Pomp)를 만났다. 폼프는 1585년 포르투갈 배를 타고 극동 지역에 와서 나가사키를 중심으로 활발한 교역 활동을 했다. 그는 사실상 일본에 온 최초의 네덜란드 사람으로 극동 지역 여행 경험을 많이 쌓아 '중국인 더크(China Dirck)'라는 별명까지 얻었다.

린스호턴은 폼프에게서 극동 지역에 관해 많은 정보를 전해 들었다. 또한 16세기 극동 세계를 유럽에 알리는 데 크게 공헌한 예수회 신부 마페이(Maffei)의 《인도사》와 멘도자(Mendoza) 신부의 《역사》등 동양에 관한 저서들도 읽었다. 그는 5년 동안 동양 근무를 하면서 극동 지역을 직접 여행하지는 않았지만 아시아에 관한 자료를 수집했고, 네덜란드로 돌아와서 여행기를 남겼다. 1595년 네덜란드어로 출간된 《포르투갈인 동양 항해기(*Travel Document of the Navigation of the Portuguese to the Orient*)》가 바로 그 책이다. 이 책에 언급된 우리나라 관련 서술을 살펴보자.

… van Japon traffijcken met het Volck van de contreije diemen noemt **Cooraij**.

… 일본에서 서북쪽으로 가면 일본 사람들이 교역을 하는 **Cooraij**라는 나라가 있다. 나는 그 나라로 항해해서 그 나라에 대해 정보를 수집한 항해사들로부터 얻은 자세한 여러 정보를 가지고 있다.

여기에서는 우리나라를 Cooraij라고 표기했다. 이듬해인 1596년에는 《린스호턴의 동양 수로기(*Itinerary of the Voyage by Ship from J. H. van Linschoten to the East or the Portuguese Indies*)》가 출간되었다. 이 책은 훗날 독일어, 영어, 프랑스어로 번역되어 개신교도 유럽 항해사들에게 동양 해로 개척의 길잡이가 되었다. 그런데 이 책은 우리나라를 Cooraij라고 표기하지 않았다.

일본에서 멀지 않은 곳, 즉 북위 34도와 35도 사이에 중국 해안과도 가까운 곳에 **Insula de Core**라고 부르는 또 하나의 커다란 섬이 있는데 그 크기나 주민에 대해 아직까지 자세히 알지 못한다. 포르투갈 사람들은 이 섬을 **Ylhas de Core**라고 부르는데, 지금은 **Chausien**이라는 나라이다.

여기에서 Insula는 섬이라는 뜻의 네덜란드어이고, Ylhas는 같은 뜻의 포르투갈어이다. 여기에 쓰인 Core는 뒤에서 살펴볼 두라도의 1571년 지도에도 일찍이 쓰였고 그 후 로드리게스도 쓴 표기 방식이다. 앞서 언급한 것처럼 린스호턴은 인도에 머물렀지 극동 지역을 직접 방문하지는 않

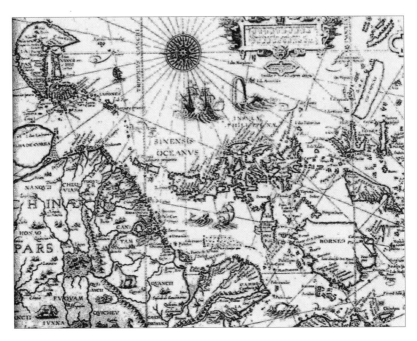

아르놀뒤스 랑그렌과 헨리퀴스 랑그렌의 1595년 〈동인도 지도〉.
우리나라가 완전한 복숭아 모양의 섬으로 그려져 있다.

왔다. 그런 그가 조선을 일본어의 표음인 Tiauxen 등으로 쓰지 않고 중
국식 발음에 따라 Chausien으로 표음한 것은 1576년의 라다의 기록과도
일치한다. 그가 중국 사람들을 통해 우리나라에 대한 정보를 얻었다는
증거이다.

《린스호턴의 동양 수로기》에는 1595년 야코뷔스 랑그렌(Jacobus F. van
Langren)의 두 아들 아르놀뒤스 랑그렌(Arnoldus F. van Langren)과 헨리퀴
스 랑그렌(Henricus F. van Langren)이 그린 〈동인도 지도〉가 삽입되어 있
다. 그런데 이 지도는 우리나라를 섬으로 표현하고 ILHA DE COREA(꼬

레아 섬'이라고 표기했다. Core에 나라를 뜻하는 접미사 a가 붙은 것도 눈여겨볼 점이다. 1571년 두라도의 지도에서 복숭아 반쪽 모양으로 그려졌던 반도가 1595년 랑그렌 형제에 의해 완전한 복숭아 모양의 섬으로 그려졌다. 이 지도는 인도 지도학의 영향 때문인지 모르겠지만, 북쪽이 아니라 동쪽이 위로 되어 있고 우리나라를 실제 모습과 다르게 묘사하고 있다.

섬의 안쪽에는 포르투갈어로 ILHA DE COREA라고 표기했고, 동해안 가까이에는 1560년대 말과 1570년대 초 두라도의 지도에서 표기된 Costa de Conray(꼰라이 해안)가 다시 나온다. 그리고 동쪽 해안에 작은 섬을 그리고 소문자로 Corea라고 또 썼다. 큰 섬에 쓰인 ILHA DE COREA와 그 옆에 있는 작은 섬에 쓴 Corea는 어떻게 다른지 알 수 없다. 또 한 지도 안에 Corea와 Conray를 함께 써서 두 개의 다른 나라로 혼동하고 있는 듯한 모습이기도 하다.

앞의 지도를 확대한 모습.
섬 안에 포르투갈어로 ILHA DE COREA라고 쓰고 동해안 쪽에는 Costa de Conray라 썼다. 위의 작은 섬에 또 Corea라고 표기했다.

해클루트의 Coria, Corey, Coray — 1598년

영국 지리학자 해클루트(1552~1616)는 옥스퍼드 대학에서 지리학을 공부

하고 아시아와 아메리카 대륙 개척에 깊은 관심을 가진 학자였다. 그는 선발국인 포르투갈과 스페인 사람들의 세계 탐험 항해 기록과 선교사들의 편지 등을 파리에서 대거 수집했다. 그리고 그 자료들을 정리, 편집해서 1589년 《주요 항해기집(*Principal Navigations Voyages Traffiques & Discoveries of the English Nation*)》을 출간했다.

정성화에 따르면, 이 책은 당시까지 존재했던 동양에 관한 자료들을 총망라해서 집대성한 거작이며, 해클루트는 우리나라를 유럽의 개신교 세계에 널리 알린 첫 번째 사람이다. 1589년 처음 출간된 책에는 우리나라에 대해 아무런 정보도 제공해주지 않는다. 그러나 1판과 2판 2권에 Corea라는 이름이 등장한다. 이는 로크(John Lok)의 2차 기니(Guinea) 탐험 항해 기록에 언급되어 있다.

1554년 기니를 향해 2차 항해를 했는데 그 배의 선장은 로크였다. 1월 16일에 'Cape Corea(꼬레아 봉)' 라는 곳에 도착했다. 이곳은 미나 성(Castell of Mina)이라는 곳에서 동쪽으로 4리그 거리에 위치해 있다.

지도에서건 문헌에서건 Corea와 비슷한 글자만 보아도 얼굴이 밝아지던 때가 있었다. 나는 여기서 말하는 Cape Corea(꼬레아 봉)가 아프리카 남단의 Cape of Good Hope(희망봉)처럼 우리나라의 남해안 어느 곳이라고 생각해본 적이 있었다. 그러나 한상복이 밝혀냈듯이, Corea는 현재 아프리카 가나의 황금 해안의 지명이다.

1판이 출간된 후 9년이 지난 1598년에 2판 1권이, 1599년에는 2판 2권이, 1600년에는 2판 3권이 각각 출간되었다. 1권에는 지난 300년간 거의 읽히지 않았던 루브룩의 《몽골 제국 여행기》를 번역해서 수록했다. 그리고 일본에서 선교하던 프로이스와 브레치아노 신부가 교황청에 보낸 1590~94년 편지들이 실려 있다. 이 편지들에 세 편의 증언이 있는데, 정성화의 《서양의 한국》을 토대로 그 내용을 정리해보면 다음과 같다.

첫 번째 증언에 따르면, 중국에 조공을 바치는 나라 가운데 한 나라인 국력이 강한 Kingdome of Coray를 포르투갈 사람들은 Coria라 부른다고 기록했다. 처음에는 섬인 줄 알았는데 중국과 동북쪽으로 붙어 있는 반도이며, 일본이 Coray를 지나서 명나라를 치겠다고 하여 1590년 겨울이 지난 후 조선 왕이 사절을 교토에 보냈다는 내용이 수록되어 있다. 두 번째 증언에서는 Reino de Corey라고 표기했고, 1591년과 1592년 프로이스의 스페인어 연례 서한집에서 Corayans(고레이 사람들), Chinians(중국 사람들)라는 표기도 썼다. 임진왜란 시기 조선의 의병 활동과 일본보다 강했던 Coray, Corayans의 수군에 관한 얘기도 남겼다. 세 번째 증언은 예수회 신부 브레치아노가 일본의 Coray 침략 전쟁에 비판적인 견해를 표한 것을 싣고 있다.

스페인 신부 구스만의 Corea — 1601년

앞서 스페인 출신 라다가 1576년에 우리나라를 Chaussien, Cauly로만 표기했다고 언급한 바 있는데, 예수회 구스만(Luis Guzman) 수사는 우리나라를 Corea라고 표기했다. 그는 선교사들의 보고서들을 편집해서 1601년 《선교사들의 역사(*Historia de las Missiones*)》를 출간했다. 이 책에는 우리나라에 대해 다음과 같이 기술되어 있다.

El reino de **Corea** esta a 80 leguas de Hirado, Japon, hacia el Norte,y limita esta gente con 3 naciones, por la parte del oeste con los chinos, q quien paa tribute cada ano; ….

Corea 왕국은 일본 히라도에서 80리그 북쪽에 …. 서쪽 중국에 조공을 바친다. …

우리나라를 섬이라고 하면서도 Corea가 북동쪽으로는 몽골과 오랑캐들과 접했다고 했다. 산이 많고 중간에는 평야가 있으며 쌀, 과일, 꿀이 많이 나고 사람들은 평화롭고 학식이 많은 백인종이며 활을 잘 쏜다고도 했다. 말 타고 달리면서도 활 쏘는 고구려 무사들의 용맹을 중국인들로부터 들었을 것이다. 뿐만 아니라 임진왜란 때 조선 수군의 빛나는 업적과 세스페데스 신부의 조선 방문에 대해서도 처음으로 기술했다. 이순신 장군의 명성은 패자인 일본인들로부터도 들을 만큼 컸다는 반증이다. 스페인의 경우 우리나라를 언제나 Corea로 표기했고 현재도 Corea로 쓰고 있다.

이렇게 여러 저서에서 우리나라에 대해 기술한 기록이 있지만 그 내용들은 모두 중국이나 일본에서 간접적으로 들어 알게 된 매우 빈약한 사실들이었다. 우리나라에 대한 본격적인 저서는 이로부터 60여 년 후인 1668년 하멜 표류기가 출간되면서부터다.

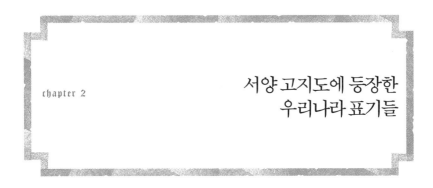

chapter 2

서양 고지도에 등장한 우리나라 표기들

1500년대 중반부터 우리나라에 대한 기술과 로마자 표기가 가톨릭 선교사들의 편지에 나오기 시작하면서, 서양인들이 만든 지도에도 우리나라의 모습이 차차 드러나기 시작했다. 처음에는 이름을 붙이지 않고 우리나라의 모습만 그려넣었다가 1500년대 후반에 이르러 이름을 붙이기 시작했다. 대항해 시대 당시 서양 문헌의 기록과는 달리 서양의 지도에서는 우리나라의 국호가 어떻게 표기되었고 어떤 변천을 겪었는지 살펴보자.

이름 없는 반도로 나타난 우리나라 — 1550~60년대

우리나라일 수 있다고 생각되는 희미한 반도가 중국의 동북단에 그 모습을 드러내기 시작한 것은 인쇄판 지도가 나오기 시작한 1400년대 후반부터였다.

마우로(Fra Mauro)의 1459년 지도는 근대 세계지도의 효시라고 일컬어지는데, 이 지도를 보면 마르코 폴로가 말한 Zipangou는 적혀 있으나 우리나라의 모습이나 표기는 찾아볼 수 없다. 셜리(R. Shirley)의 《세계 지도책(*The Mapping of the World*)》에 있는 세 장의 지도, 즉 1490년경 게르마누스(Henricus Martellus Germanus)의 지도와 1525년 이탈리아 베니스에서 출판된 작자 불명의 지도, 그리고 1529년 리베로(Diego Ribero)의 세계지도에 가서야 중국 동북단에 우리나라라고 볼 수 있는 희미한 반도가 처음 보이기 시작한다.

스켈턴(R. A. Skelton)의 《지도학의 역사(*History of Cartography*)》에 따르면, 1546년 이탈리아인 가스탈디(Giacomo Gastaldi)의 세계도에 퀸사이(Quinsai)라는 반도가 그려졌고, 1550년경 파가노(Matteo Pagano)와 기솔피(Francesco Ghisolfi)가 이 지도를 더욱 발전시킴으로써 퀸사이 반도와 일본의 모습이 실제와 많이 가까워졌다고 한다.

이런 가운데 1554년 호멤(Lopo Homem)의 〈세계지도〉에서 드디어 우리나라에 해당되는 지역에 역삼각형의 반도가 나타났다. 동쪽의 일본은 수많은 작은 섬들로 묘사되었고, 서쪽에는 중국 산동반도 비슷한 반도의 모습도 보인다. 역삼각형의 반도 남단에는 작은 섬들이 많이 그려져 있다. 이 반도에는 아무런 명칭도 붙어 있지 않지만, 위치상 우리나라로 추정된다.

그 후 1555년 네덜란드의 요데(Gerard de Jode)가 제작한 세계지도와 1561년 포르투갈인 벨로(Bartolomeu Velho)가 작성한 해도에서 일본의 서쪽에 남북으로 길게 뻗은 반도가 나타난다. 그러나 이들 역시 국명이나

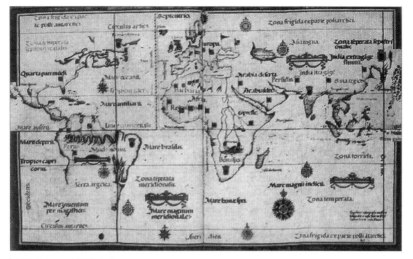

호멤의 1554년 〈세계지도〉.
우리나라로 보이는 역삼각형의 반도가 처음 나타났다. 나라 이름은 없다. 동쪽의 일본은 작은 섬들로 그려
져 있고, 서쪽에는 산동반도의 모습이 보인다.

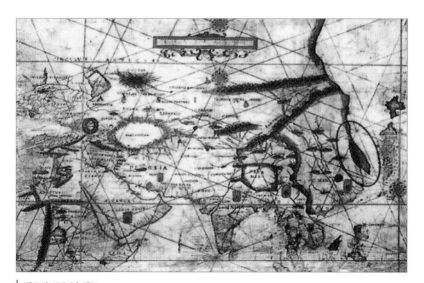

벨로의 1561년 해도.
일본의 서쪽에 남북으로 길게 뻗은 반도가 보인다.

지명은 없고 남쪽 끝에 Ladronis('도적들의 섬')라고만 적혀 있다. 일본은 IAPAM, 중국은 CHINA로 표기했다. 이 지도에 나오는 반도에는 이렇다 할 명칭이 표기되어 있지 않지만, 반도의 형태가 우리나라의 실제 모습에 좀 더 가깝게 그려져 있다.

이렇게 우리나라라고 생각되는 반도가 여러 지도에서 모호하게 묘사되다가, 1563년 포르투갈의 해도 제작자 루이스(Lazaro Luis)의 동아시아 해도에 드디어 우리나라라고 확신할 수 있는 위치에 약간 길쭉한 복숭아의 반쪽 모양을 한 지역이 나타났다. 그 동쪽에 새우 등 모양의 일본이 Japao(야파오)라고 표기되어 있고, 서쪽의 중국 대륙에는 Camtao(중국 남부 지방)라고 표기되어 있다. 그리고 그 사이 중국 동북단에 붙은 반도의 서편은 중국 대륙

루이스의 1563년 동아시아 해도.
여인의 유방 모양을 한 반도가 중국과 일본 사이에 나타났다. 위치가 북위 34~40도인 것으로 보아 틀림없는 우리나라이다.

에 붙어 있고 북쪽은 더 이상 그려지지 않았다. 이 지도 역시 요데와 벨로의 지도처럼 복숭아 끝 부분인 남쪽 끝에 그린 몇 개의 섬을 Ladronis('도적들의 섬')라고 표기했다. 나라 이름은 쓰여 있지 않지만, 위치가 북위 34도에서 40도 사이인 것으로 보아 우리나라임에 틀림없다.

그러나 그 후 당대의 저명한 벨기에의 지도 제작자 오르텔리우스(Abraham Ortelius)가 1570년에 출간한 방대한 세계 지도책 《지구의 무대(*Theatrum Orbis Terrarum*)》에는 우리나라의 모습이 없다. 그 이후 1573년, 1579년, 1584년, 1590년에 이 책의 증보판이 나왔지만 우리나라의 모습은 전혀 보이지 않는다.

반도에 표기된 Conrai 해안과 Core — 1568, 1571년

두라도(Fernao Vaz Dourado)는 포르투갈의 해도 제작자로, 인도 고아 현지에서 가장 먼저 아시아에 대한 정보를 확보하여 동양 해도 작성에 심혈을 기울인 인물로 유명하다. 그는 1568년(조선 선조 1) 고아에서 거북등 모양의 〈일본도〉를 작성했는데, 이 지도에서 최초로 우리나라의 이름이 표기되었다. 그런데 이 지도에는 우리나라의 이름이 국명이 아닌 지명으로 표기되어 있다.

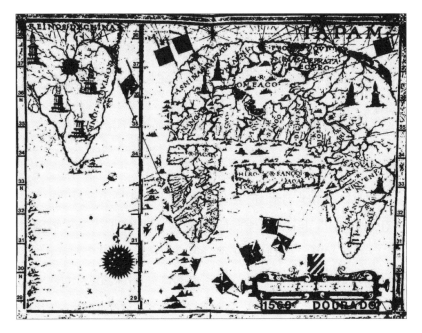

두라도의 1568년 〈일본도〉.
우리나라를 역삼각형의 반도로 그리고 COSTA DE CONRAI라고 표기했다. 하지만 우리나라의 국명 표기는 없다.

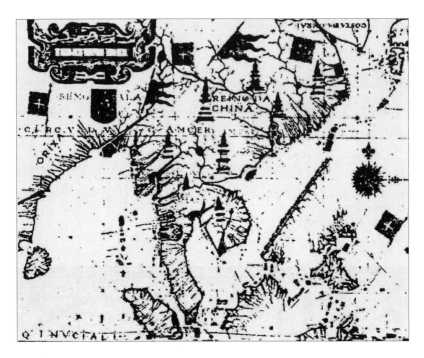

두라도의 1571년 동양 해도.
반도 속에 COSTA D. COMRAI라고 표기했다. 중국은 CHINA로 표기했으나 일본과 우리나라에는 국명 표기가 없다.

이 지도의 동편에 새우 등 모양의 일본이 IAPAM으로 표기되어 있고, 서편에는 역삼각형의 반도 북쪽 끝에 REINOS DA CHINA(중국 왕국들)라고 표기되어 있다. 그런데 그 역삼각형의 반도 속 동해안 쪽에는 COSTA DE CONRAI(Conrai 해안)라는 글이 적혀 있다. 그러나 엄밀히 말해 이 표기는 국명이 아니라 지명이다. 여기에 나타난 역삼각형의 반도는 1554년 호멤이 그린 지도에서도 이미 나타난 바 있다.

두라도는 3년 후인 1571년 동양 해도를 다시 그렸다. 이 지도에서는

1568년 지도의 역삼각형 반도가 완전히 사라지고 그 대신 약간 길쭉한 복숭아 반쪽 모양의 반도가 출현했다. 이 지도는 앞서 살펴본 1563년 루이스의 지도를 그대로 따른 것으로 보인다. 중국과 붙어 있어야 할 북쪽을 더 이상 그리지 않은 것도 루이스의 지도와 같다. 그리고 반도 안의 동해안 쪽에서 시작해 왼쪽 방향으로

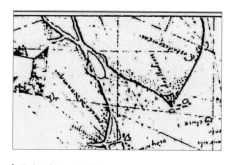

두라도의 1573년 해도.
반도 속에 Costa de Comrai라고 표기했다. 중국은 CHINA, 일본은 IAPAN이나 우리나라에는 국명 표기가 없다.

COSTA D. COMRAI(Comrai 해안)라는 글을 거꾸로 적었고, COMRAI라는 단어는 중국 땅에 적혀 있다. 이 지도에서 중국은 REINO DA CHINA(중국 왕국)로 표기되었고, 새우 등 모양의 일본에는 아무런 표기도 없다. 우리나라에도 국명 표기는 없다.

두라도는 1573년에도 유사한 해도를 작성했는데, 이 지도에도 역시 복숭아 반쪽 모양의 반도 남반부만 그려져 있고, 반도 북부와 대륙과의 관계는 그려지지 않았다. 반도의 서편은 중국과 좁은 강으로 분리되어 있는 듯한 모습인데, 반도 안의 동해안 쪽에 Costa de Comrai(Comrai 해안)라고 작게 표기되어 있다. Costa de Comrai라고 표기된 반도 남쪽 복숭아의 끝 부분에 여러 개의 섬을 그려놓고 그 반도 안의 남쪽 부분에 포르투갈어로 dos Iadronis('도적들의 섬')라고 표기해놓았다. 이 지도에서 중국은 CHINA, 일본은 IAPAN으로 표기했지만, 역시 우리나라의 국명은 없다.

이 반도의 위치로 보아 이 지역은 우리나라이고 CONRAI, COMRAI는 우리나라를 지칭하는 것이 틀림없다. 하지만 우리가 지금까지 살펴본 다양한 우리나라 로마자 국호들과는 철자의 성격이 판이하게 다르다. 그렇다면 CONRAI나 COMRAI와 같은 어휘가 등장하게 된 까닭은 무엇일까?

우리는 앞서 高麗의 중국어 발음이 Gaori이기 때문에 Caule, Cauli 또는 Kao-li로 표음되었음을 확인한 바 있다. 반면 高麗의 일본어 발음은 Gorai '고라이' 또는 Coray '고레이' 이다. 당시 포르투갈 사람들은 주로 일본을 근거지로 하여 활동했기 때문에 일본어 발음을 따라 우리나라를 Coray나 Corai로 표기하는 것이 일반적이었다. 앞서 언급했듯이, 우리나라에 대해 기술한 빌렐라나 프로이스도 우리나라를 Coray라고 표기했다. 그리고 어떤 경우에는 Coray가 Couray로 변형되어 사용되기도 했다.

그렇다면 이제 의문의 실마리가 어느 정도 풀린 것 같다. 두라도는 우리나라 지도 부분에 Conrai라고 표기했는데, 이는 지도를 제작하는 과정에서 다른 문헌을 인용하다가 Couray의 u를 n으로 잘못 옮겼기 때문이 아닐까? 그리고 Couray의 마지막 철자 y와 Conrai의 마지막 철자 i가 다른데, 당시 모음 발음 '이' 는 y로 표기하기도 하고 i로 표기하기도 했기 때문에 동일한 것으로 보아도 무방하다. 실제로도 뒤에 나오는 많은 지도에서 Coray가 Corai로 정착되는 과정을 볼 수 있다. 그러면 두라도가 1573년 세 번째 지도에서 n이 아니라 m을 사용해 Comrai로 표기한 것은 어떻게 보아야 할까? 이는 예전 지도에 쓰인 Conrai를 다른 지도로 옮겨 쓰는 과정에서 n을 m으로 잘못 표기했다고 생각된다. Conrai와 Comrai 둘 다 잘못된 표기라고 볼 수 있는 근거가 하나 더 있다. 이후에 나온 어떤 지도에도 그와 같은 표기가 나타나지 않았으며, Corai나 Coray가 계속 사용되었다는 점이다.

또 한 가지 주목해야 할 점이 있다. 1568년 두라도의 해도에서 중국은 CHINA, 일본은 IAPAM으로 국명을 사용한 반면, 우리나라 반도에는 COSTA DE CONRAI(Conrai 해안)로 썼다. 1571년 지도에서는 COMRAI 가 반도 안이 아닌 중국 땅에 기재되었고, 1573년 지도에는 소문자로 Costa de Comrai라고 기재되어 있다. 왜 이렇게 표기되었을까?

Conrai나 Comrai를 국명으로 사용하지 않고 'Conrai 해안'이나 'Comrai 해안'이라고 쓴 것은 조선(고려)을 중국의 한 지역 정도로 인식한 데서 비롯된 것이다. 앞서도 살펴보았지만, 13세기 루브룩과 마르코 폴로의 글에서는 고려가, 16세기 이후 포르투갈과 스페인 사람들의 기록에서는 조선이, 중국의 속국으로 인식되었다. 그 결과 당시 유럽인들은 우리나라를 중국의 일개 해안 정도로 인식했을 수 있다. 이러한 인식은 유럽인들이 우리나라를 직접 접하기보다는 주로 중국과 일본을 통해 간접적으로 듣고 배웠기 때문에 생겨났을 것이다.

1580년대에 작자 불명의 포르투갈 사람이 그린 동양 해도에서도 그러한 경향을 찾아볼 수 있다. 우리나라 반도의 해안선과 일본의 모습 모두 앞서 살펴본 다른 어느 지도보다도 실제와 매우 근접하게 그려져 있다. 다만 우리나라 북쪽과 중국의 경계가 전혀 그려져 있지 않다. 이 지도에서는 일본을 IAPPAO로 중국을 CAMTAO로 표기했으나 조선에는 로마자 표기가 아예 없다. 우리나라에 로마자 국호가 붙지 않은 것과 중국과의 경계가 그려져 있지 않은 것은 우리나라를 중국의 일개 지역 정도로 보

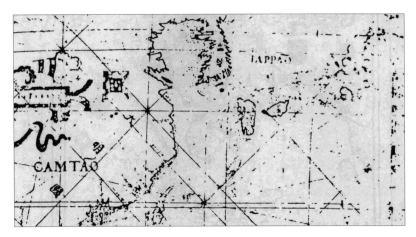

작자 불명의 1580년대 동양 해도.
일본은 IAPPAO(日本國), 중국은 CAMTAO(大明國), 우리나라는 로마자 표기 없이 高麗라고 표기되어 있다.

았기 때문이 아닐까?

　이 지도가 갖고 있는 또 하나의 특징은 중국을 한자로 大明國(대명국), 일본을 日本國(일본국)으로 표기했는데, 우리나라는 國 자를 빼고 '高麗'라고만 표기한 점이다. 여기서 우리나라를 '高麗國'이라 하지 않은 것은 두라도가 'Conrai 해안'이라고 표기한 것과 같은 맥락일 수도 있다. 또 1500년대는 엄연히 조선 시대인데도 朝鮮이 아닌 高麗라고 표기한 것은 유럽인들이 쓰기 시작한 Cauli, Caoli, Corai, Coray가 고려를 지칭하는 것이므로 그렇게 했다고도 볼 수 있다. 한자가 들어간 이 지도는 일본에서 사용되던 포르투갈 해도에 중국에서 일본으로 전래된 동아시아 지도의 내용을 추가하여 작성되었기 때문에, 이와 같이 한자 국명이 삽입된 것이다. 이 지도는 유럽인들이 제작한 지도 가운데 로마자와 한자가 병기된 최초의 것이다.

chapter 3

우리나라를
직접 경험한 서양인들

앞서 서양인들이 우리나라를 로마자로 어떻게 표기했는지를 살
펴보았다. 하지만 이들은 주로 일본, 중국, 인도, 동남아시아에
서 활동하면서 간접적인 경로를 통해 우리나라에 대한 정보를 접했을 뿐
직접 방문하여 기록을 남기진 않았다. 서양인들이 조선을 처음 방문한
것은 임진왜란 무렵이었다. 이번에는 우리나라에 직접 상륙해서 한동안
머물거나 조선 사람을 직접 만난 사람들이 우리나라를 어떻게 표기했는
지를 살펴보자.

종군 신부 세스페데스의 Coray ─ 1593년

1592년 임진왜란이 발발했다. 일본은 15만의 병력을 조선에 파견했다.
이들 가운데에는 천주교도 병사도 수천 명 포함되어 있었다. 임진왜란에 참전한 고니시 유키나가는 포르투갈의 일본 예수회 소속 고메스(Pedro Gomez) 부교구장에게 천주교도 병사들의 신앙생활을 도와줄 것을 요청했다. 고메스는 이에 응하여 세스페데스(Gregorio de Cespedes) 신부를 조선 원정군에 파견했다. 빌렐라 신부가 살아 있을 때 이루지 못한 조선 방문의 꿈이 일본의 조선 침략으로 드디어 이루어진 것이다. 지금까지 남아 있는 기록으로 볼 때, 그는 우리나라에 들어온 최초의 유럽인이었다.

세스페데스는 쓰시마를 거쳐 1593년(조선 선조 26) 12월 28일 웅포(지금의 진해 부근)에 도착해 고니시 유키나가를 만났고, 이때부터 1595년 4, 5월까지 1년이 넘게 웅포성 일본 군영에 머물렀다. 그러나 그의 활동은 극히 제한적이었다. 그가 조선에 체류하는 동안 보낸 네 통의 편지 내용이 1601년 예수회 소속 수도사 구스만이 쓴 《선교사들의 역사》에 기록되어 있다. 이 책은 세스페데스에 관해 언급한 유일한 책이다. 이 책에 따르면, 그는 초청자 고니시 유키나가 장군의 통제로 일본군 진영에 머물며 일본군 선교 활동에 종사했을 뿐, 조선인과는 접촉할 기회조차 없었던 것 같다. 겨울이 일본에 비해 몹시 춥다는 이야기, 고니시 유키나가와 가토 기요마사 사이의 경쟁과 질투와 모략, 그리고 심유경의 일본과의 화친 노력 등에 관한 얘기가 담겨 있다. 그리고 조선을 Coray로 표기했다.

Os frios deste **Coray** são muito grandes e sem comparação maiores que os de Japão.
Coray는 일본과 비교할 수 없을 정도로 매우 추웠다.

Coray라는 표기는 1571년 빌렐라가 처음 사용한 이래 프로이스도 사용한 적이 있다. 이 책에는 세스페데스가 일본으로 귀환할 때 향후 조선 선교를 목적으로 조선 소년 한 명을 데리고 갔다는 기록도 보인다. 하지만 조선에서 1년이 넘게 머물렀는데도 우리나라의 역사와 문화에 관해 남긴 기록은 하나도 없다.

세스페데스가 일본으로 귀환한 후 조선을 방문한 유럽인이 한 명 더 있었다. 1597년 조선에서 싸우던 한 일본 장군의 부인이 출산 도중에 사망했다. 가톨릭 신자인 장군은 부인의 장례미사를 위해서 일본에 있는 신부를 초청했다. 이에 라구나(Francisco de Laguna) 신부가 조선에 와서 3개월 동안 머물다가 일본으로 돌아갔다는 기록이 있다. 따라서 그는 문헌 기록상 조선에 상륙해서 체류했던 두 번째 서양인인 셈이다.

조선 청년 꼬레아를 데려간 카를레티의 Corea, Cioscien — 1598년

안토니오 카를레티(Antonio Carletti)와 프란체스코 카를레티(Francesco Carletti)는 이탈리아 출신의 무역상이었다. 부자지간인 그들은 유럽에서 출발해 남아메리카를 거쳐 필리핀으로 왔고, 정유재란이 일어나던 1597년 6월 일본에 도착하여 8개월 동안 머물렀다. 당시 일본 나가사키의 노예시장에는 임진왜란 당시 일본으로 끌려온 조선 사람들이 많이 있었다. 카를레티 부자는 이곳에서 조선인 소년 포로 다섯 명을 싼 값에 샀다.

1598년 3월 카를레티 부자는 그들을 데리고 마카오, 말라카를 거쳐 인도의 고아로 갔고, 그곳에서 네 명을 풀어주었다. 이들 네 명의 행방에 대해서는 알려진 것이 없다. 많은 조선 사람들이 일본에 끌려가 노예로 팔려갔을 것이고, 그중에는 다른 나라로 팔려간 조선 사람들도 분명 적지 않았을 것이다. 그러나 낯선 이국땅에서 일생을 마쳤을 그들에 관한 기록은 아직까지 보이지 않는다. 그런데 다섯 명 가운데 한 명이 카를레티 부자를 따라 유럽으로 가게 되었다. 카를레티 부자는 아버지 카를레티의 이름 안토니오와 조선의 나라 이름 꼬레아를 따서 그에게 안토니오 꼬레아(Antonio Corea)라는 이름을 지어주었다.

프란체스코 카를레티는 아버지 안토니오 카를레티가 귀국 여행 중 마카오에서 사망하고, 자신의 교역 상품이 네덜란드 사람들에게 압수당하는 등 우여곡절을 겪었지만, 1606년 이탈리아 피렌체로 무사히 돌아왔다. 그는 우선 자신의 경이로운 세계 여행 경험담을 이탈리아의 피렌체 공에게 보고했다. 당시에는 그의 여행이 항해기로 쓰여 읽혔으나 어찌된 영문인지 95년이나 지난 1701년에야 출간되었다. 제목은 《나의 세계 일주기》였고, 이후에 번역본들이 나왔다. 명지대 연암문고 《꼬레아 견문록》의 저자 김장춘에 따르면, 그는 이 책에서 우리나라를 Corea와 Cioscien이라고 표기했다.

Il Paese de **Corea** dicono esser division in nove Provincie, le quail sono **Cioscien** capo di quell Regno, e nome della Citta Reale…
Corea는 아홉 개 도로 나뉘어 있고 **Cioscien**(조선)은 왕국의 수도이며…

그는 조선의 아홉 개 도를 Quiequi(경기), Congua(강원), Honliay(황해), Cio-la(전라)… 등으로 기록했다. 그는 우리나라를 Corea라 불렀고, Cioscien(조선)이 우리나라의 수도인 줄로 착각하고 있었다. 린스호턴은 1596년의 저서에서 우리나라를 지금의 중국식 발음에 따라 Chausien이라고 표기한 반면, 카를레티는 자신이 직접 만난 조선 사람을 통해 '조선'이라는 발음을 듣고 Cioscien이라고 쓴 것 같다. 나중에 기술하겠지만, 이는 조선에서 오래 살다 탈출한 하멜이 조선을 Tiocen이라고 표기한 것과 상통한다.

카를레티는 일본을 출발해 마카오, 말라카, 인도를 거쳐 남아프리카의 희망봉을 돌아 네덜란드와 프랑스를 거쳐 이탈리아에 이르는 대장정을 조선 청년 안토니오 꼬레아와 함께했다. 8년이라는 긴 시간 동안 조선 사람과 함께 있었으니 조선 원주민 꼬레아로부터 '朝鮮'의 발음을 듣고 그렇게 표음했다고 볼 수 있을 것이다. 스페인 사람 라다가 조선을 중국식 발음에 따라 Chausien이라고 쓴 것과도 다르고, 앞으로 보게 될 지도들에 나오는 Tiauxen과도 다른 표기이다.

카를레티의 《나의 세계 일주기》에 따르면, 안토니오 꼬레아는 그 후 자유인이 되어 로마에서 살았다고 한다. 그 후의 행적에 대해서는 알려진 기록이 없다. 어쨌든 안토니오 꼬레아는 기록상으로 우리나라 사람 가운데 중국, 말레이시아, 인도, 남아프리카를 거쳐 유럽에 간 최초의 인물이다.

이탈리아 남부의 소도시 알비(Albi)에 Corea라는 성을 가진 이탈리아 사람들이 모여 살고 있는데, 이들이 조선인 안토니오의 후예일 가능성이 제기되기도 했다. 그래서 1980년대에 이들이 자신들의 핏줄을 확인하기 위해 한국에 와서 DNA 검사를 받아보았지만 우리나라 사람의 유전인자와 비슷한 것을 찾아볼 수 없었다.

또한 미국 로스앤젤레스의 게티 박물관에 소장되어 있는 유럽의 유명한 바로크 화가 루벤스(Paul Rubens)의 작품 가운데 동양 의상을 입은 초상화가 있는데, 그 모델이 안토니오 꼬레아일 가능성이 있다는 이야기가 나왔다. 이 초상화는 〈코리아 사람(Korea Man)〉이라고 명명되어 루벤스의 화집에 수록되었다. 루벤스가 이탈리아에 여행을 가서 머무른 시기와 꼬레아가 로마에 살던 때가 서로 일치하기 때문에, 그럴 가능성이 전혀 없지는 않다.

루벤스의 초상화 〈코리아 사람〉. 로스앤젤레스의 게티 미술관 소장.

마침 저자의 아내가 공개전시되지 않은 이 초상화를 한국에서 온 전통복식연구가와 함께 보게 되었는데 게티 미술관의 학예관이 초상화의 주인공이 한국인인지 물어왔다. 그래서 2007년 초에 저자는 'Korea Man' 원화를 보게 되었다. 당시 로스앤젤레스 박물관의 한인 이사 체스터 장 박사, 미주의 한인 화가 곽훈과 미술에 조예가 깊은 로스앤젤레스 주재 최병효 한국총영사도 동행한 자리에서, 나는 조선 청년 안토니오 꼬레아에 대한 역사적 사실과 그의 행적을 설명해 주었다.

조선 시대의 의상, 옷소매 속에서 두 손을 마주잡은 자세, 머리에 쓴 두 건과 시원하게 잘생긴 얼굴을 보면서, 이 사람이 400여 년 전 임진왜란 중에 끌려간 우리의 조상일지도 모른다는 생각이 들자 잠시 숙연해지기도 했다. 초상화 옆에는 먼 항해를 하고 온 동양 사람이라는 것을 암시하는 듯 범선 한 척이 희미하게 그려져 있다.

주인공이 안토니오 꼬레아든 아니든 이 초상화는 게티 미술관 도록에 〈코리아 사람〉으로 명명되어 있다. 하지만 1600년대 우리나라는 Corea 로만 알려져 있었으므로, 원래의 역사적 사실을 살려 초상화의 제목을 'Korea Man'이 아닌 17세기에 맞는 'Corea Man'으로 명명해야 한다는 생각이 들었다. 그래서 이 그림의 제목을 'Corea Man'으로 바꾸는 것이 바람직하다는 의견을 학예관장에게 전달했다.

조선에 온 세 번째 서양인 지완면제수 — 1604년

1593년에 세스페데스, 1597년에 라구나 신부가 각각 조선을 방문했다는 사실은 이미 언급했다. 일본의 조선 침략 전쟁은 7년 만에 끝났지만, 두 나라 사이에 온전한 강화가 이루어지지 않은 채 준 전시 상황이 한동안 지속되었다. 그러던 1604년(조선 선조 37) 6월 14일 정체불명의 배 한 척이 조선 수군의 본영인 통영 앞바다에 나타났다. 삼도수군통제사 이경준은 조선 전함을 출동시켜 투항하라고 권고했지만, 이양선이 끝내 저항하자 치열한 포격전이 벌어졌다. 격전 끝에 이양선은 다음날인 15일 격침

되었다.

　전투에서 생존한 사람들을 심문해보니 이 배는 일본의 통치자인 도쿠가와 이에야스가 캄보디아에 파견한 중무장 외교 무역선이었다. 그런데 나가사키로 귀향하던 도중 풍랑에 밀려 조선 연안에 진입했던 것이다.

　살아남은 자는 명나라 사람 16명, 일본인 31명과 유럽인 두 명 등 총 49명이었는데, 그중에 서양인 한 명과 흑인 한 명이 있었다. 생존자들은 조선 수군의 조사를 받고 4개월 뒤 모두 명나라로 송환되었다는 사실이 2004년 한국의 박태근 교수에 의해 밝혀졌다. 이러한 역사적 사실은 서울대 규장각에 비치되어 있는 조선 시대 국경일지인 《등록유초(謄錄類抄)》에 남아 있다. 여기에서 우리의 흥미와 관심을 끄는 인물은 이름이 한자로 지완면제수(之緩面第愁)라고 표기된 서양인이다. 이 서양인은 마카오에 사는 34세의 포르투갈 상인 주앙 멘데스(Joaõ Mendes)였고, 흑인은 그의 시종이었다.

　《등록유초》는 멘데스의 흑인 시종에 대해 해괴(海傀)라고 기술했다. 이는 임진왜란 때 명나라 장군 팽신고(彭信古)가 조선 왕 선조에게 바다 밑으로 잠수해서 적선을 공격한다는 포르투갈 군대 소속의 흑인 신병(神兵)을 보여주었을 때 쓴 표현과도 같은 것이다. 《선조실록》은 임진왜란 당시 선조가 흑인을 처음 보고는 대단히 놀랐다고 언급하면서 다음과 같은 해설을 덧붙였다.

　　일명은 해괴이다. 노란 눈동자에 얼굴빛은 검고 사지와 온몸도 모두 검다. 턱수염과 머리카락은 곱슬이고 검은 양모처럼 짧게 꼬부라졌다. 이마는 대머리

인데 한 필이나 되는 누른 비단을 반도(蟠桃)의 형상처럼 서려 머리 위에 올려

놓았다. 바다 밑에 잠수하여 적의 전선을 공격할 수 있고, 수일 동안 물속에

있으면서 수족(水族)을 잡아먹을 줄 안다.

멘데스가 데려온 흑인도 위와 같은 모습이었을 것이다. 멘데스와 다수
의 일본 및 명나라 사람들의 상륙 사실은 조선과 명 사이의 외교문서《사
대문궤(事大文軌)》, 명나라의《신종실록(神宗實錄)》등에도 나와 있다.

2006년 이 통영 바닷가에는 400년 전 통영에 상륙한 주앙 멘데스(지완
면제수)를 기념하는 비가 세워졌다. 높이 1.5미터의 화강석으로 만든 기
념비 정면에는 한글로 '최초의 서양 도래인 주앙 멘데스'라는 글이, 바로
밑에는 포르투갈어와 영어로 같은 뜻의 글이 새겨져 있다. 2004년 10월
통영에서 열린 국제 학술회의에서는《등록유초》를 인용해, 멘데스가 우
리나라에 온 최초의 서양인이라고 주장했다. 그리고 멘데스의 통영 표착
은 우리나라에 가장 먼저 발을 디딘 서양인으로 알려져 있는 하멜과 벨
테브레(박연)보다 각각 49년과 23년 앞선 것이라는 언급도 덧붙였다.

임진왜란 중 일본군과 함께 들어왔던 세스페데스와 라구나에 관한 기
록은 조선의 사료에 없는 반면, 멘데스에 관한 기록은 이와 같이 분명하
게 남아 있으므로 그를 조선에 상륙한 최초의 유럽인으로 보아야 한다는
주장은 일견 타당해보인다. 하지만 세스페데스는 빈약하게나마 조선에
대한 기록을 남긴 반면, 멘데스의 조선 방문 기록은 현재까지 발견되지
않고 있기 때문에 그가 포르투갈어로 우리나라를 어떻게 표기했는지는
알 수 없다.

정성화에 따르면, 이 사건 말고도 1618년 중국에서 활동했던 예수회 신부들 가운데 도미니크회 출신의 후안(Juan)이 일행 두 명과 함께 선교를 목적으로 필리핀을 통해 조선에 상륙했으나 곧 축출당했다고 한다.

이후에도 명나라 조정의 요청으로 포르투갈 육군 장교 타이자이라(Concalvo Teixeira)가 지휘하는 포병대가 당시 조선의 평안도 앞바다에 있는 단도의 명나라 군사 기지에 상륙한 일이 있다. 《꼬레아 견문록》에 따르면, 타이자이라의 포병대는 1631년(조선 인조 9) 6월 단도로 쳐들어온 후금(後金)의 군대를 물리쳤다. 그러나 분명 그 섬에서 포르투갈 군인들과 조선 사람들 사이에 접촉이 있었을 텐데, 타이자이라의 활동에 대한 조선의 기록은 보이지 않는다.

조선에 귀화한 네덜란드 선원 박연 — 1627년

유럽의 선박들이 중국과 일본을 드나들다가 조선의 남해안을 지나던 도중 풍랑으로 일시적으로 표착하는 일은 1600년대에도 가끔 발생했다. 1627년(조선 인조 5)에 네덜란드 선박 우베르케르크(Ouwerkerck) 호가 일본으로 항해해 가던 중 조선의 경주 근처 해안에 표착했다. 이때 네덜란드 선원 벨테브레(Jan Janse Weltevree), 헤이스베르츠(D. Gijsbertz), 피에테르츠(J. Pieterz)가 조선 관헌에서 조사를 받았다.

당시 조선은 외래 사람들의 상륙을 허락하지 않았고 어쩌다 상륙하게 된 서양인들을 송환하지도 않았다. 아마도 이들이 귀국해서 우리나라의 내부 사정을 알리면 더 많은 서양인들이 찾아오게 될까봐 꺼렸기 때문일 것이다. 그 후 이들 셋은 한양의 훈련도감에 배치되어 총포 제작 등의 일을 했다고 한다. 임진왜란 때 일본군의 조총 등에 큰 피해를 입은 조선이 었으니 이들의 총포 제작 기술은 큰 환영을 받았다.

이들이 조선 생활을 시작한 지 9년 후인 1636년 병자호란이 일어났다. 이 시기는 명나라의 말기이자 만주에서 일어난 후금이 청나라를 건국하던 때였으며, 조선으로서는 국제 외교의 시험 무대가 되던 때이기도 했다. 청나라가 쳐들어오자 인조는 남한산성에 피신했고 이듬해 1월 삼전도에서 청 태종에게 굴복하는 수모를 겪었다. 이러한 전쟁의 혼란 속에서 벨테브레만이 오래 살아남았다. 그는 귀화하여 박연(朴燕 또는 朴淵)이라는 조선 이름으로 살았다.

그는 조선에서 생활한 지 26년 만인 1653년 하멜 일행이 제주도에 표착했을 때 그들을 심문하러 제주도에 내려갔고 고국 사람들과 만났다. 한양에 돌아온 박연은 하멜 일행이 가지고 있던 조총을 모방한 신식 무기 개발에도 깊게 관여했다. 하멜 일행도 그 후 한양으로 옮겨졌다. 같은 나라 사람들인 그들 사이에 빈번한 접촉과 교류가 있었을 법한데 이에 관한 기록이 남아 있지 않아 그 실상은 알 수 없다.

박연은 조선 여성과 결혼해서 아들과 딸을 하나씩 두었다는데 그 후손의 행방이 알려져 있지 않다. 다만 박송이라는 후손이 지금 독일에 살고 있다고 한다. 안타깝게도 박연이 직접 남긴 기록이 없어 그가 그의 언어로 우리나라를 어떻게 표기했는지는 알 수 없다.

다양하게 표기된
로마자 국호들

지금까지 우리나라를 간접 혹은 직접 경험한 유럽 사람들이 남긴 저서와 지도를 통해, 16세기에 우리나라의 로마자 국호 사용이 어떤 양상을 보였는지를 살펴보았다. 하지만 여전히 풀리지 않는 의문점이 몇 가지 있다. 우리나라를 표기하는 방식이 그토록 다양했던 까닭은 무엇일까? 또한 다양한 표기들 사이에는 어떤 연관성이 숨어 있는 것일까? 유럽 사람들이 사용한 우리나라 로마자 표기는 일견 너무나도 다양하고 복잡해보이지만, 그 복잡한 양상 속에서도 구체적인 변화의 맥락을 포착할 수 있다. 이번 장에서는 앞서 언급한 몇 가지 우리나라 표기들을 좀 더 구체적으로 분석해보고자 한다.

우리나라 로마자 표기는 왜 이토록 다양했나

16세기를 거치면서 서양 문헌과 지도에서 우리나라가 본격적으로 등장하기 시작했다. 그런데 우리나라의 로마자 명칭은 다른 어느 나라보다도 다양하고 많았다. 왜 그랬을까? 첫째, 서양인들이 우리나라의 명칭을 표기할 때 중국식 발음을 따랐느냐 일본식 발음을 따랐느냐 아니면 조선 사람의 발음을 따랐느냐에 따라 달랐다. 둘째, 고려와 조선이라는 두 왕조를 거쳤기 때문에 우리나라의 명칭이 하나로 통일되지 않고 두 명칭이 혼용되었다. 셋째, 이런 두 개의 이름과 세 나라 언어의 발음이 다시 유럽 여러 나라의 각기 다른 언어에 의해 표음되었다. 넷째, 당시 유럽 각국의 언어에 엄격한 철자법이 규정되어 있지 않았기 때문에 여러 철자로 혼용되어 쓰였다.

그러면 당시의 서양 문헌과 지도에 등장했던 로마자 명칭들을 열거해보자. Core, Corea, Cory, Corij, Coria, Coreae, Caoli, Kaoli, Corais, Corai, Coray, Couray, Corey, Corei, Corie 등이 주로 사용되었다. 이러한 주요 명칭 이외에 당시의 국호인 조선을 표음한 이차적 명칭들도 함께 사용되었는데, 그 예로는 Tiauxen, Tiauxem, Tauxem, Taucian, Chau Sien, Cioscien, Chao Sien, Tchao Sien, Tschao Sien 등을 들 수 있다. 한 가지 눈여겨봐야 할 것은, 로마자 국호가 등장한 것은 조선 시대인 1500년대부터였는데, 조선보다는 고려를 표음한 이름이 일차적 국호로 사용되었다는 점이다.

서양인들이 일차적으로 사용한 주요 표기법은 Corea, Corai, Caoli 등인데, 이는 모두 고려에서 비롯된 이름이다. Tiauxen, Chaosien 등 조선을 표음한 표기는 이차적으로 사용되었다. 유럽 세계가 우리나라를 간접적으로나마 접하게 된 것이 조선 시대인데 어찌해서 이미 멸망한 왕조인 고려에서 비롯된 이름이 더 많이 사용되었을까?

10세기 이전부터 아랍 사람들에게 알려졌던 Sila는 이미 역사의 저편으로 잊혀져 갔다. 1500년대 이후의 지도에는 Sila의 표기가 나오지 않는다. 특히 아랍권의 위세나 활동력이 예전과 달리 크게 줄어들면서 Sila의 이름은 점차 희미해졌다. 그렇다면 고려라는 이름에서 비롯된 로마자 표기가 Sila를 압도한 이유는 무엇일까? 고려가 외부 세계에 더 개방적이고 포용적인 면도 있었겠지만, 동서 문물의 교환을 가능케 한 몽골 제국의 등장이 고려 시대였다는 것이 중요한 이유였다고 생각한다. 국지적이고 단편적인 예이긴 하지만, 1200년대 중후반의 루브룩은 Caule, 마르코 폴로는 Cauli로 표기했고, 1300년 초부터 라시드 앗 딘을 통해 아랍 세계에 알려진 우리나라의 이름도 Kao-li였다는 사실을 가볍게만 볼 수는 없다.

대항해 시대 이후 유럽 사람들은 중국과 일본을 드나들 때 조선을 눈앞에 두고도 상륙하지 못했고 조선 사람을 직접 만나보지도 못했기 때문에 우리나라의 실체를 알 수 없었다. 유럽 사람들이 극동에 도착한 1500년대 초반과 중반 당시 조선은 건국된 지 100여 년 정도밖에 안 되었기 때문에, 500년, 아니 서기 423년에 고구려 국호를 고려로 바꾼 것까지 치면 1200년이란 오랜 기간 국호로서 존속한 고려가 중국이나 일본 사람들에게 더욱 친근한 이름이었다. 그래서 유럽 사람들의 질문에, 중국인들은 Caoli, 일본인들은 Corai로 대답해주었던 것이다. 그래서 우리나라는 고려에서 비롯된 이름으로 주로 불렀다고 생각한다.

유럽 각국에서 이렇게 다양한 이름들을 오랜 세월 동안 사용한 또 다른 이유는, 당시의 세계가 오늘날처럼 정보와 통신이 원활하지 않았다는 데에 있다. 너무나 먼 거리로 인한 정보 전달의 지연이 이렇게 많은 이름들을 오랫동안 쓰게끔 했다고 보아야 할 것이다.

Cory는 '고리'를 따른 표음인가?

앞서 당시의 서양 문헌과 지도에 등장했던 로마자 명칭들을 열거한 바가 있는데, 대부분의 명칭은 그런대로 수긍이 가지만, Cory, Corij, Corie, Core는 좀 엉뚱하다.

Corai나 Corea와 달리, Cory가 일차적인 국호로 처음 사용된 것은 스페인의 지도 제작자 에레라(A. de Herrera)가 1575년 손으로 그린 〈아랍 해도〉에 근거하여 작성한 〈서인도 제국도〉의 1601년 판에 서였다. 여기서 우리나라는 길쭉한 섬으로 묘사되었고 그 안에 Cory로 표기되었다. Cory가 단독으로 쓰인 최초의 지도로 추정된다.

Cory가 부차적인 이름으로 쓰인 예는 1590년대 야코뷔스 랑그렌의 지도, 1592년

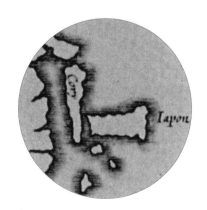

에레라의 1601년 〈서인도 제국도〉.
이 지도에서 우리나라는 Cory로 표기되고,
길쭉한 섬으로 그려져 있다.

타이자이라의 지도(이 지도에서는 Corij라고 적혀 있다), 1600년대 초 이탈리아인 선교사 안젤리스(Giralmo Angelis)가 손으로 그린 지도, 1606년 영국인 스피드(John Speed)의 지도 등이다. 이 Cory는 Corea라는 주 표기 외에 Tiauxen 또는 Tauxem과 더불어 부차적 표기로 이후 여러 지도에 많이 사용되었다. 우선 Cory가 Corij로 다르게 표기된 것은 Cauli가 Caulij로 쓰인 것과 같은 맥락으로 이해하면 된다. 당시는 단어의 철자법이 정리되지 않아서 누구든 귀에 들리는 대로 또 자기가 원하는 대로 표기했기 때문이지 다른 특별한 이유는 없다. 그저 '꼬리'라는 발음을 표음한 것이라고 보면 무방하다. 한편 1688년 조주옹(Nicolas Jaugeon)의 지도에는 Corie라고 표기되었는데, 이 역시 Cory, Corij와 같은 발음이므로 우리나라를 뜻한다.

그렇다면 이 표기 방식은 어디에서 유래한 것일까? 이미 살펴본 대로 아랍인들은 우리나라를 중국식 발음에 따라 Kao-li라고 썼는데, 이것이 어떻게 Cory로 변화되었는지 궁금하다. '까오리'를 빠르게 발음하다보니 '꼬리'가 되어 Cory로 표기한 것일까? 오늘날 아랍 사람들이 우리나라를 '꾸리야/꼬리야', 우리나라 사람을 '꾸리/꼬리'라 부르는 것과 무슨 연관이 있는 것은 아닐까?

1부의 보론에서 기술한 것처럼, 고구려는 423년경부터 고려로 바뀌었고 고구려나 왕건의 고려 시대에도 高麗의 麗 발음은 '려'가 아니라 '리'였다. 아랍인들은 유럽인들과 달리 몽골 제국 시대 내내 고려 사람들과 직접 접촉했다. 그러므로 고려 사람들이 자신들을 '고리'라고 발음하는 것을 듣고 아랍 지역의 해도에 Cory라고 표기했을지도 모른다. 대항해 시대 유럽인들의 세계 지리 인식은 대부분 아랍인들의 항해나 탐험 자료에 의존했다. 그러니 이러한 표기법이 유럽 사람들이 만든 지도에 영향을 끼쳐 그들의 지도에 Corij라는 표기가 등장했을 개연성이 크다. 더욱이 1514년 엠폴리가 Gori로 표기한 것까지 연결해보면 우리 선조들이 高麗를 '고리'라고 말했다는 것과 이 'Cory'도 연관이 있다.

高麗의 일본 발음을 따른 Corai

Coray와 Corai는 유럽인들이 1500년대 중반 중국에서 일본으로 항해하는 길목에 있는 우리나라를 일본인으로부터 들은 일본식 발음 '고레이·고라이'를 듣고 사용한 표기 방식이다. 1560년대 말과 1570년대 초 두라도의 해도에 Corai가 Conrai와 Comrai로 나타난 것도 이 때문이다. Conrai와 Comrai가 Couray의 전사 과정에서 생긴 오류라는 것은 이미 말한 바 있다.

유럽인들이 우리나라를 일본식 발음에 따라 사용한 최초의 표기는 Coray였다. Coray는 1571년 빌렐라의 서한에서 처음 등장했다. Corai는 Coray가 나온 이후에 등장했다. 물론 여기에서도 Coray의 y와 Corai의 i는 철자상의 차이일 뿐 두 단어의 발음에 차이는 없다.

그렇다면 Corai가 처음 등장한 것은 언제일까? 1593년 요데의 지도에 원시적으로 묘사된 반도에 Corai로 표기된 것처럼 보인다. 이것이 사실이라면, 그의 지도는 高麗의 일본식 발음 '고라이'가 Corai로 표기된 최

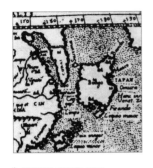

루게시의 1597년 지도.
Corai라고 표기한 최초
의 지도이다.

초의 것이다. 하지만 좀 더 확실하게 말하자
면, Corai라고 명료하게 표기된 최초의 것은
1597년 이탈리아의 루게시(Fausto Rughesi)가
그린 아시아 지도이다. 그는 이 지도에서 반
도로 그려진 우리나라를 Corai라고 표기했
다. 같은 해에 출간된 페루스키(G. B.
Peruschi)의 지리서《여행 안내기》속에 루게
시의 지도가 삽입되었는데, 여기서도 Corai
로 표기되어 있다.

　1597년 Corai가 등장하자, 한동안 Coray와 Corai는 병용되었다. 라이
트(Edward Wright)의 1599년과 1610년 지도에는 Coray로 표기되었다.
1600년 12월 31일 영국은 동인도회사를 설립했을 때 우리나라를
Country of CORAY(꼬라이 국)라고 기록했다. 한편 네덜란드 동인도회사
의 해도 책임자 게리츠(Hessel Gerritsz)가 그린 1621년 판〈동남아시아 해

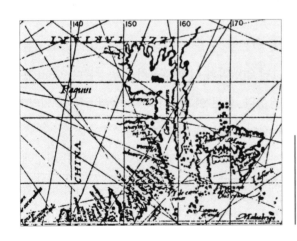

해클루트의
《주요 항해기집》에 들어 있는
라이트의 1599년 지도.
우리나라 반도 왼쪽에 Coray
Regmon(고라이 왕국)이라고
표기되어 있다.

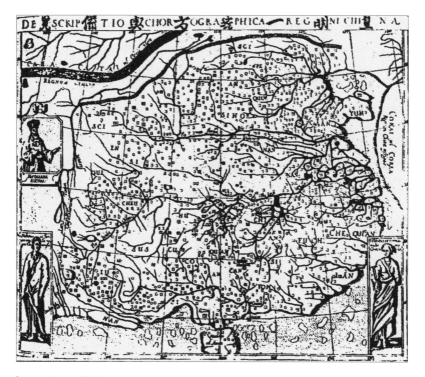

퍼카스의 1625년 〈중국 지도〉.
우리나라를 Corai와 Corea로 병기했다. 우리나라는 서쪽 해안과 북쪽만 그려져 있다.

도〉에는 우리나라와 일본의 남해안만 그려져 있는데, 우리나라를 CORAI
로 표기했다. 그런데 게리츠가 1632년 작성한 〈태평양 해도〉에는 우리나
라의 반도 남쪽에 국명으로 Coray라고 표기되어 있다. 같은 회사에서 같
은 사람이 작성한 지도인데도, 상이한 철자로 우리나라를 표기했음을 알
수 있다.

그러나 17세기 초반을 거치면서 Corai가 점차 보편화되기 시작한다.
한상복에 따르면, 1625년 영국인 퍼카스(Samuel Purchas)가 중국에서 제

작한 중국 지도의 원본에서 우리나라를 Corai와 Corea로 병기했다. 이 지도에 우리나라는 서쪽 해안과 대륙에 붙은 북쪽만 그려져 있다. 그러나 퍼카스는 본문에서는 Corai라고 통일해서 사용했다. 그 후 1626년 혼디우스(Hondius) 가문의 지도는 Corai Insula로, 네덜란드의 빌렘 블라외(Willem J. Blaeu)와 얀손(Jan Jansson)의 1630년 지도에서는 Ins. Corai라고 표기했다. 1638년 아버지 빌렘 블라외가 사망한 후, 1640년 아버지와 아들 요하네스 블라외(Johannes Blaeu)의 공동 명의로 나온 지도는 Inf Corai라고 표기했다. 이후 1600년대 중반과 후반을 거치면서 '고라이'가 Corai로 완전히 정착되었다.

한편 1591년 프로이스가 편지에서 Reino de Corey라고 한 이래 1650년 상송(Nicholas Sanson)이 우리나라를 섬으로 그리고 Corey로 쓴 것이나, 1676년 뒤발(Pierre Duval)이 반도로 그리고 Corei로 표기한 것은 일본식 발음의 '고라이'와는 또 다르다. 일본어에서 高麗의 麗 발음은 보통의 경우 '레이'이다. 앞서 말한 바 있지만, '라이'로 읽는 것은 나라 이름일 경우에 한해서이다. 그러므로 일본의 일반 백성들이 서양인들에게 高麗를 '고레이'라고 일러주었을 수도 있다. 그리고 이러한 발음 관행이 Corey나 Corei 같은 표기를 나오게 한 것이다. 오늘날 포르투갈어에서 Corey와 Corei를 '꼬레이'로 발음하는데, 이는 일본 일반 사람들의 '고레이' 발음과도 일치한다. 그리고 오늘날 포르투갈은 우리나라를 Coreia로 쓴다.

일본과 중국 발음을 따라 朝鮮을 표기한 Tiauxen과 Chausien

지금까지 고려를 표음한 Cory, Corai, Coray 등에 대해 분석해보았다. 하지만 고려를 표음한 로마자 표기들이 여전히 강세를 보이는 가운데, 점차 당시 우리나라의 국호인 '朝鮮'을 표음한 이차적 명칭도 함께 나타나기 시작했다. 앞서 말한 Tiauxen, Tiauxem, Tauxem, Taucian, Chau Sien, Cioscien, Chao Sien, Tchao Sien, Tschao Sien 등이 그 예이다.

대항해 시대 때 유럽인들이 고려를 일본어 발음에 따라 Corai나 Coray로 표음한 것처럼, 조선의 표음도 일본어 발음에 따른 것이 대세를 이루었다. 조선의 일본식 표기가 등장한 최초의 예는 1590년대(또는 1596년 이후)의 것으로 추정되는 네덜란드인 야코뷔스 랑그렌의 〈동인도 지도〉이다. 이 지도는 우리나라를 Corea라고 표기하고, 반도의 북쪽에 작은 글자로 Tiauxen이라고 표기했다. Tiauxen이나 Tiauxem는 朝鮮의 일본식 발음인 지오센 또는 죠센을 따른 것으로 보인다. 유럽 사람들에게는 '조'가 '지오'로 들렸을 것이다. 그래서 '지오'가 '죠'가 되고 서양 언어의 어휘 제약으로 '죠 → 지오 → 디오 → 티오'로 표기 방식이 변화된 것 같다. '선'은 원래 '시언 → 션'으로 들리고 발음하게 되는데, 일본인들이 '선'을 '센'으로 발음하기 때문에 xen이나 sen으로 표기된 것 같다.

이와 함께 조선의 중국식 발음에 따라 표음한 예도 있다. 그러한 표기 방식은 중국을 직접 다녀온 유럽인을 통해 유행했다. 스페인의 선교사 라다가 명나라를 다녀와서 1576년에 지은 《중국에 관한 보고서》는 우리나라를 Taucian과 Chaussien으로 표기했다. 그 후 1596년에 출간된 《린스호턴의 동양 수로기》에서도 "중국 해안과도 가까운 곳에 Insula de Core라고 부르는 또 하나의 커다란 섬이 있는데 … 지금은 Chausien이라는 나라이다"라는 기술이 있다. 다시 말하면, Taucian, Chaussien, Chausien 등 '차우시엔'이라고 발음되는 표기들은 朝鮮의 중국식 발음을 따른 것이다.

그러나 '차우시엔'이라고 발음되는 표기들은 일본어 발음에 밀려 초기에는 고전을 면치 못했다. 지도에서는 '차우시엔' 표기가 부차적 명칭으로조차도 쓰이지 않았다. 왜 그랬을까? 포르투갈과 네덜란드 사람들이 우리나라에 대해 처음으로 알게 된 것은 물론 중국 남부에서였지만, 조선은 그곳에서 멀리 떨어져 있다. 조선은 일본으로 가는 뱃길 가까이에 있었기 때문에, 중국 남부보다는 일본에 거주하거나 일본을 왕래하던 유럽 사람들에게 더 많이 노출되었다. 더구나 조선 선교의 기회를 엿보고 있던 일본 주재 예수회 신부들은 누구보다도 큰 관심을 갖고 조선을 주시하고 있었다. 그래서 일본에 거주하던 유럽 사람들이 조선에 대해 더 많이 언급했고, 자연히 중국식 표음보다는 일본식 표음을 더 많이 사용한 것은 아닐까?

중국식 표음 Chausien은 문헌에 나온 지 100여 년 후인 1705년(조선 숙종 31)에 가서야 지도에 처음 등장했다. 프랑스의 드 릴(Guillaume de Lisle)이 그린 〈인도와 중국 지도〉가 그것이다. 이 지도는 우리나라의 일차적 이름을 R. DE CORÉE(꼬레 왕국)로 표기하고 부차적으로 반도의 중앙 지역에 작은 글자로 Chausien이라고 병기했다. 이는 프랑스 사람들이 당시 중국에 많이 들어와 인접국 조선에 관한 지식을 넓혀가고 있었다는

드 릴의 1705년 〈인도와 중국 지도〉.
우리나라의 일차적 이름을 R. De CORÉE로 표기하고 반도의 중앙 지역에 작은 글자로 Chausien이라고 병기했다.

증거이기도 하다.

청나라의 강희제는 자연과학에 지대한 관심을 지니고 있었다. 그가 어렸을 때인 1656년 벨기에의 선교사 베르비스트(Ferdinand Verbiest)가 중국에 왔다. 강희제는 베르비스트에게 수학과 천문 수업을 받았다. 황제가 된 강희제는 프랑스에서 불러온 선교사 레지스(Jean Baptiste Régis) 일행에게 중국 전체와 중국의 주변을 측량하게 했다. 그리하여 이 무렵에

예수회 선교사를 방문한 강희제.
강희제는 예수회 선교사들에게서 서양의 문물과 기술을 도입해 중국의 문화 발전에 크게 기여했다. 특히 그들을 후원해 지도 제작에도 힘썼다.

조선 지리 탐사도 이루어졌다. 이러한 성과는 프랑스의 저명한 지리학자 당빌(Jean Baptiste D'Anville)에 의해 결실을 맺었다.

당빌은 1730년 예수교 신부들의 현지 답사 작업으로 이루어진 부분 지도들과 각종 개인 자료를 종합해 중국 전도를 제작했다. 1735년 뒤 알드의 《중국 역사지리지》에 게재된 지도의 전신이라고 할 수 있는 이 지도에서는 우리나라가 Tchao Sien이라고 불린다고 소개하고 있다.

우리 발음을 따른 하멜의 Tiocencouk

지금까지 조선을 일본어 발음과 중국어 발음으로 표기한 예를 살펴보았는데, 그렇다면 서양인들이 당시 조선 사람들로부터 직접 '朝鮮' 발음을 듣고 표기한 예는 없었을까? 그러한 표기는 1593년 세스페데스가 유럽인 최초로 조선 땅을 밟은 이래 70여 년이 흐른 후, 13년 동안 조선에서 지냈던 네덜란드인 하멜에 의해 처음 등장했다.

조선을 탈출한 하멜은 1668년(현종 9)《스페르웨르 호의 불운한 항해표류기》를 썼는데, 여기에 등장하는 표기를 살펴보자. 그는 우리나라를 네덜란드어로 Coeree와 Coree로 표기하면서, 우리나라가 당시에는 Tiocenkouk이고 그 이전에는 Caoli였으며 수도는 Sior(서울)라고 기술했다. 당시에도 순수한 우리말 '서울'과 비슷하게 발음했음을 알 수 있는 흥미 있는 기록이다. 여기에서 우리가 주목해야 하는 것은 바로 Tiocenkouk의 'Tiocen'이다. 이는 1500년대 후반부터 문헌과 지도에서 나오기 시작한 일본식 표기 Tiauxen이나 Tiauxem과 다르다.

Tiocen은 하멜이 조선에 사는 동안 조선 사람으로부터 朝鮮이라는 발음을 직접 듣고 표기한 것이 아닌가 생각된다. 그렇지 않다면 1590년대 야코뷔스 랑그렌의 지도 이후 줄곧 사용되어온 Tiauxen 대신 굳이 Tiocen이라고 표기할 필요가 없었기 때문이다. 하멜은 조선에서 13년 동안이나 머물렀기 때문에 조선의 8도와 여러 주요 도시를 조선 사람의 발음대로 익혔을 것이고, 따라서 자신이 익힌 대로 표음해서 그의 표류기에 표기했을 것이다.

하멜과 비슷한 사례는 이탈리아의 카를레티가 조선 사람 안토니오 꼬레아와 함께 귀국한 후 저술한 《나의 세계 일주기》(1701)에서도 확인된다. 이 책에서는 우리나라를 Cioscien이라고 표기했다. 하멜과 카를레티는 조선 사람을 직접 만났다는 점에서 공통점이 있다. 조선 사람을 직접 만났던 두 사람은 우리나라 사람의 朝鮮 발음을 직접 듣고 그 발음과 유사하게 우리나라를 표기했던 것이다.

잠시 부연 설명하자면, Tiocen은 조선에서 조선 사람들로부터 들은 '티오센＝디오센＝됴센＝죠센'이라는 발음을 표음한 것이 아닌가 생각한다. 고구려 이전에 존재한 나라 이름 朝鮮은 중국의 사서에 나온 주석에 의하면 '도셴'으로 발음되었다고 한다. 즉 오늘날 우리가 '조선'으로 발음하고 있는 朝鮮은 그 옛날에는 '도셴' 정도로 발음되었다는 것이다. 조선 시대 말기에 한글로 '죠션'이라고 표기되었던 것을 보아도 짐작이 간다.

하지만 Tiocen이 朝鮮의 일본식 표기 Tiauxen에서 변형된 형태였을 가능성도 완전히 배제할 수는 없다. Tiauxen과 Tiocen에서 'iau'나 'io'는 발음상 거의 차이가 없으며 xen과 cen에도 발음상 큰 차이가 없다. 더욱이 Tiauxen과 Tiocen의 철자가 다르게 된 것은 일본식과 조선식의 차이라기보다는 포르투갈과 네덜란드 사람들의 언어 습관 차이였을 수도 있다. 덧붙여 한 가지 더 고려해야 할 것은, 하멜은 조선을 탈출하여 일본의 나가사키에 도착한 후 당국의 심문을 받는 등 1년을 일본에 머물렀고 저서도 일본에서 집필했다는 점이다. 그래서 어느 정도는 일본 사람들의 발음인 '셴(cen)'의 영향을 받았을지도 모른다.

그렇다면 Tiocen은 조선식 표기가 아닐 수도 있다는 말인가? 그런데 하멜의 Tiocen이 조선 사람들의 발음대로 표기된 것이라는 결정적인 단서가 하나 있다. 바로 Tiocen의 뒤에 붙은 'Kouk'이란 철자이다. 여기에서 Kouk은 國의 일본어 발음인 '고크'나 '고쿠'가 아니며, 國의 중국어 발음인 '구어'나 '궈'와도 다르다. 마르코 폴로가 일본국을 Zipangou라고 표기했을 때의 gou와도 다르다. 따라서 여기에서 'Kouk'은 조선 사람들의 國 발음을 표음한 것이고, Tiocenkouk는 朝鮮國을 우리나라 사람의 발음대로 표음한 것이 확실하다. 우리나라 로마자 국호는 당시까지만 해도 서양 사람들이 중국이나 일본 사람들로부터 들어서 표기한 것이었는데, 조선 사람이 말하는 것을 듣고 조선국이라고 표기한 최초의 사례가 등장한 것이다.

하멜이 처음으로 쓴 Tiocen은 그 후 다른 지도학자들에 의해 많이 채택되었다. 1674년 프랑스인 상송과 자이오(A. H. Jaillot)가 제작한 〈아시아지도〉에서 R. de Tiocen(조선 왕국)과 Caoli, Corée가 병기되었다. 'R. de' 없이 하멜식의 조선국 표기가 지도에 처음 쓰인 것은 코로넬리(Vincenzo Coronelli)의 1692년 〈지아폰 섬과 꼬레아 반도〉에서였다. 그는 이 지도에서 우리나라를 Corea와 Tiocencouk으로 표기했다.

1706년 드 릴의 지도에서도 R de Tiocencouk을 표기하고 Caoli와 Corée를 병기했다. 조선이 더 이상 중국의 변방이 아니고 독립된 나라이며 그 당시에는 고려가 아니고 조선이라는 것을 완전히 인지하게 된 것이다.

코로넬리의 1692년 〈지아폰 섬과 꼬레아 반도〉.
우리나라를 Corea와 Tiocencouk으로 표기했다. 하멜식의 조선국 표기가 지도에 처음 등장한 예이다.

중국 발음을 따른 Caoli Koue

1700년대에 접어들어 영국과 프랑스가 유럽의 지도학을 주도하기 시작
했다. 특히 프랑스의 저명한 지도학자 당빌은 1732년과 1737년에 출간
한 〈중국 지도〉에 Tchao Sien과 Regnvm Coreae 이외에 KAOLI KOUE
를 표기했다. 1744년 하시우스(Johan Mathias Hassius)의 〈중국 지도〉에서
도 우리나라를 Chao Sien으로 쓰고 Caolikove, Corea를 병기했다. 여기
에서 Caolikove라는 표기는 Caoli와 Kove를 붙여 쓴 것이다. 당시 v와 u

는 발음이 동일했기 때문에 Kove는 Koue와 같은 표기로 봐도 무방하다. 우리말로 나라 국(國)을 하멜은 Couk이나 Kouk으로 표기했듯이 한자 國 (국)의 중국어 발음은 꾸어, 꿔(Koue)가 된다. 중국인들이 우리나라를 '까오리 꿔'로 발음한 것에 따라 서양어로 그렇게 표음한 것이다. 즉 '까 오리 꿔-까오리 국-高麗國'을 말하는 것이다.

　조선 후기에 와서도 고려의 중국식 표음인 Caoli, Kaoli 같은 표기가 계속 나타난 것은 무슨 연유에서일까? 중국에 선교와 교역을 위해 들어 온 유럽 사람들이 아직도 개방되지 않은 조선에 대해 알려고 중국 사람 들로부터 배우는 과정에서 중국식 발음을 따른 표음을 쓰게 되었다고 생 각한다. 1762년 보공디(Robert de Vaugondy)의 시베리아 러시아 지도는 R. De Corée, Kaoli Koue로, 1762년 로베크(Tobias Lobeck)의 러시아 지 도에서도 Kaoli Kove로 표기했다. 처음에는 중국의 한 지역 정도로 인식 되었던 우리나라가 1500년대 말에서부터 일본식 'Corai 왕국' 등으로도 쓰이기 시작했고, 1600년대 후반 하멜의 'Tiocenkouk'를 거쳐 1700년 대에 중국식 표음을 따른 독립국가 Caoli Koue(高麗國)로 쓰였던 것이다.

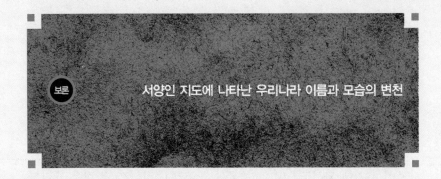

서양 지도에 나타난 우리나라 로마자 표기를 살펴볼 때 놓쳐서는 안 될 것이 하나 있다. 우리나라는 처음부터 반도의 모습으로 그려지지 않았다는 사실이다. 중세 서양인들은 우리나라를 섬으로 오해하고 있었고, 그러한 인식은 대항해 시대가 열린 이후에도 한동안 지속되었다. 그러다가 섬을 그리고 반도라고 표기하거나 반도를 그리고 섬이라고 표기하는 지도도 생겨났다. 왜 이런 현상이 일어났을까? 지금부터 서양 지도에서 우리나라의 모습이 어떻게 변모했는지를 살펴보자.

섬인가 반도인가 — 1600년대 전반

북한의 언어학자 장영남은 1570년 오르텔리우스의 지도책 《지구의 무대》에 우리나라를 Corey라는 섬으로 그린 지도가 있다고 했는데 저자는 아직 보지 못했다. 이 책에 나오는 우리나라 지도가 섬으로 판명된다면 이 지도는 우리나라를 섬으로 그린 최초의 지도일 것이다.

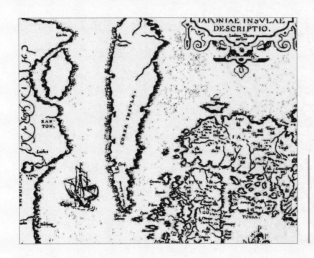

**타이자이라의
1592년 일본 지도.**
오이 모양의 섬이 중국 대륙
가까이에 위치해 있고, 그
속에 COREA INSVLA라고
표기되어 있다.

　그러나 저자가 본 것만 가지고 추정하자면, 우리나라를 섬으로 그린 최
초의 지도는 일본에 거주하던 포르투갈 선교사 타이자이라가 1592년에
그렸다고 하는 일본 지도이다. 이 지도에서 우리나라는 COREA
INSVLA(꼬레아 섬)라고 정확히 표기되었다. 일본의 서쪽에 위치한 섬으
로 그려져 있는데, 서북쪽에는 중국 대륙이 그려져 있지 않다.

　그 후 1595년 아르놀뒤스 랑그렌과 헨리퀴스 랑그렌 형제가 우리나라
를 복숭아 모양의 완전한 섬으로 묘사했다. 1596년 메텔루스(Natalius
Metellus)도 타이자이라처럼 우리나라를 섬으로 그렸고 Corea Insula로
표기했다. 저명한 네덜란드의 지도 제작자 요도퀴스 혼디우스(Jodocus
Hondius)가 1595~96년에 그린 지도에서, 우리나라는 길쭉한 오이 모양
으로 되어 있고 땅의 북쪽 끝이 대륙에 붙었지만 강으로 분리된 것 같은
모습으로 그려져 있다. 그러나 1597년경 지도에서는 북쪽 끝이 목이 좁

요도퀴스 혼디우스의 1597년 지도.
북쪽 끝이 목이 좁기는 하지만, 엄연히 대륙과 붙은
반도로 그렸다.

요도퀴스 혼디우스의 1603년 지도.
중국과 붙은 우리나라의 북쪽 끝에 줄을 그어 반도
인지 섬인지 구별하기 어렵다.

기는 하지만 엄연히 대륙과 연결되어 있는 반도로 그렸고, 다시 1603년 지도에서는 북쪽 끝이 강으로 분리된 것처럼 그렸다. 그런데 불레스텍스에 따르면, 요도퀴스 혼디우스는 1606년 우리나라를 길쭉한 모양으로 그려넣으면서 다음과 같은 설명을 덧붙였다고 한다.

> 한국은 토착민들에게서는 Caoli라고 불리고 일본인들로부터는 Corai라 불리는데, 한국이 섬인지 대륙의 일부인지는 분명치 않다.

지리학자나 지도 제작자들은 한반도를 섬과 반도로 오락가락하며 그렸다. 이는 그때까지 어느 누구도 조선에 직접 상륙해서 조선의 지리적 사실을 확인해보지 못했기 때문이다. 지스버준(E. Gysbertzoon)의 1599년 〈동양 항로도〉에 우리나라는 Isade Corea(꼬레아 섬)로 표기되고 섬으로 그려졌다. 1603년의 요도퀴스 혼디우스나 1606년의 빌렘 블라외도 처음에는 반도로 그렸는데, 그 후 한동안 Corea Insula라는 이름까지 붙여서 섬으로 그리기도 했다. 1606년 요도퀴스 혼디우스의 또 다른 지도

블라외의 1606년 지도.
중국과 우리나라 사이에 줄을 긋고 반도에 Corea Insula라고 표기했다.

에는 우리나라가 기다란 오이 모양의 섬으로 그려졌고 북쪽 끝이 중국에 붙다시피 되어 있는데, 이곳에 Corea라고 쓰고 원래는 Caoli라 부르고 일본인들은 Corais라고 부른다고 써넣었다. 꽤 정확한 설명이다.

네덜란드 동인도회사의 해도 책임자 게리츠는 1621년에 그린 지도에서 Corai와 '도적들의 섬'이라는 표기를 사용했다. 영국인 스피드도 1606년(조선 선조 39) 지도에서 기다란 고구마 모양의 섬을 그리고 THE ILE COREA(꼬레아 섬)로 표기했으며 북쪽에 Tauxem, 남쪽에 Cory로 표기했다. 1621년 얀손의 지도와 1630년 빌렘 블라외의 지도에도 Ins Corai라 쓰였는데, 이미 새삼스러운 것은 아니었다.

그러면 엄연히 반도인 우리나라가 어찌해서 섬으로 인식되었을까? 여러 가지 이유가 있다고 본다. 10세기 전 아랍 사람들이 우리나라 신라를

여러 섬으로 기술하고 지도에도 섬으로 표시한 것에서부터 시작해서, 13세기 중반 루브룩이 Caule에 대해 물 건너 섬나라로 기술하기까지, 우리나라는 서방 세계에 섬나라로 알려져 있었다. 실제로 우리나라의 북쪽은 중국과는 백두산 지역을 제외하고는 압록강과 두만강으로 분리되어 있다. 사실 두 강이 백두산 꼭대기를 시원지로 하기 때문에 산자락 부분은 대륙과 연결되어 있고 그 산에서 시작된 물줄기 가운데 하나는 서쪽으로 다른 하나는 동쪽으로 흘러가는 강물로 분리되어 있다.

그래서 심지어는 조선 사람이 만든 지도에도 백두산을 중심으로 동쪽에 두만강, 서쪽에 압록강을 일직선상으로 배치한 지도가 있다. 숙종 때 그려진 저자 미상의 〈동람도(東覽圖)〉도 두 강을 굵게 그려 마치 만주와 조선 사이가 떨어져 있다는 인상을 준다. 또 조선 전기에는 여지승람식의 비과학적인 지도가 풍미하면서 이런 현상이 더 두드러졌다. 1555년의

조선의 〈동람도〉.
압록강과 두만강이
일직선상에 놓여 우
리나라를 섬으로 오
해하게 한다.

〈고금형승지도(古今形勝地圖)〉나 〈황명여지지도(皇明輿地之圖)〉 등은 동양에서 만든 지도의 영향 때문에 생긴 오류일 수도 있다. 참고로 〈고금형승지도〉는 명나라에서 만든 목판 지도로 중국, 조선, 일본이 그려진 사실성이 부족한 지도이고, 〈황명여지지도〉 역시 1531년과 1536년(재판)에 원대의 지도를 모방하여 만든 명나라 지도로 역시 사실성이 떨어져 우리나라를 섬으로 인식하게 하는 지도이다. 이러한 현상이 일본이나 중국에도 전해졌고 중국과 일본을 왕래하던 유럽인들에게 이런 우리나라 지도들이 전해졌을 것이다.

반도를 섬으로, 섬을 반도로 표기한 지도들 ─ 1600년대

섬으로 그려진 우리나라는 대개 기다란 오이를 세워놓은 모양인데 북쪽 끝은 중국 대륙에 거의 붙다시피 할 정도로 가까워 어떤 때는 섬인지 반도인지 구별하기 힘들다. 섬으로 그린 지도에 꼬레아 섬(Corea Insula)이라고 표기한 것은 당연하지만 어떤 지도에서는 반도로 그려놓고 Corea Insula로 표기한 것들도 여럿 있어 지도 제작자 자신들도 헤매고 있었음을 알 수 있다. 우리나라와 직접 접촉이 이루어지지 않은 상태에서 이런 혼동의 시대가 1600년대 말까지 계속되었다.

요도퀴스 혼디우스의 1607년 지도.
반도를 그려놓고는 Corea I.라고 표기했다.

1606년 빌렘 블라외는 반도로 그리고도 Corea Insula라고 표기했고 앞서 말한 요도퀴스 혼디우스의 1607년 지도에서도 Corea I.(I. 는 Insula의 약

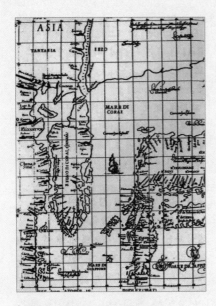

두들리와 루치니의 1646~47년 지도.
우리나라를 섬으로 그려놓고 Regno di Corai
Peninsola(꼬라이 왕국 반도)라고 표기했다.

자)로 표기했다. 그 후 1625년 하브레히트(Issac Habrecht), 1626년 스피드도 우리나라를 반도로 그리고도 Corea Ins(꼬레아 섬)라고 써넣는 실수를 범했다. 그 후 1651년 타생(Nicolas Tassin), 1655년 콜롬(Arnold Colom), 1660년에는 비트(Frederick de Wit)도 우리나라를 중국의 일부처럼 반도로 그려놓고도 Corea. I라고 표기했다. 이러한 모순은 모르덴(R. Morden)의 1680년 지도까지 계속되었다.

그와 반대로 우리나라를 버젓이 섬으로 그려놓고 반도라고 표기한 경우도 많다. 1646~47년 두들리(Robert Dudley)와 루치니(Antonio Francesco Lucini)는 이탈리아 피렌체에서 출간한 《해도집》에서 우리나라를 뭉툭한 섬으로 그려놓고도 Regno di Corai penisola(꼬라이 왕국 반도)라고 표기했다. 이 지도는 당시 섬과 반도의 아리송한 혼미 상태를 잘 보여주며, 동시에 반도로 정착해가는 마지막 단계에 해당하는 지도이기도 하다.

하지만 이러한 반도와 섬의 혼란기에도 우리나라 이름의 표기는 어느 정도 일관성을 유지했다. 앞서 살펴본 것처럼 우리나라의 이름은 Corea

가 다수를 차지했다. 다만 Insula를 사용했느냐 Peninsula를 사용했느냐의 차이가 있을 뿐이었다.

저자는 《한민족포럼》 2003년 겨울호에서 1500년대 말에 제작된 네 편의 지도가 우리나라를 모두 섬으로 묘사했다고 언급한 바 있다. 그러나 2년 후인 2005년 《한민족포럼》 여름호에서 다시 논문을 발표할 때에는, 추가로 찾아낸 1500년대 말의 지도 아홉 편 가운데 한 편만이 섬으로 묘사되고 나머지는 모두 반도로 묘사되었음을 밝혔다. 이 두 자료를 모두 합해 분석해보면 1500년대 말의 13편의 지도 중에 반도는 여덟 편이고 섬은 다섯 편이었다. 섬으로 묘사된 것은 1592년부터이다. 그 후 섬인지 반도인지를 몰라 유럽 지도계가 혼란스러웠던 1600년대의 지도 27편 가운데 15편은 섬으로, 열 편은 반도로 그려졌고 나머지는 불명확한 것들이었다.

Corea Isthmus(지협) — 1600년대 전반

우리나라에 대한 지식이 이렇게 빈약한 가운데에도 몇 명의 지도학자들은 동북아시아 대륙에서 바다 속으로 길게 뻗어 나온 반도인 우리나라의 지리적 특징을 간파했다. 당시 동물의 꼬리처럼 기다란 땅으로 인식된 우리나라가 온통 바다에 둘러싸여 있기에 그 반도 안에 Corea Isthmus(꼬레아 지협)라고 표기한 지도가 여럿 나왔다.

1611년경 요도쿠스 혼디우스의 지도에서 처음으로 Corea Isthmus(꼬레아 지협)라고 표기했고, 1630년 요도쿠스 혼디우스의 아들 헨리쿠스 혼디우스(Henricus Hondius)와 페테르 베르비스트(Peter Verbiest), 1636년 부

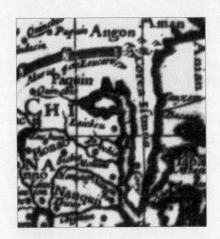
페테르 베르비스트의 1630년 지도.
우리나라를 Corea Isthmus라고 표기했다.

요도퀴스 혼디우스의 1641년 지도.
우리나라를 Corea Isthmus라고 표기했다.

아소(Jean Boisseau)와 1638년 비세르(Claes Janszoon Visscher)의 지도도 마찬가지였다. Isthmus라는 표기는 1641년 요도퀴스 혼디우스의 지도와 1657년 비세르와 스텐트(Peter Stent)의 지도를 끝으로 더 이상 등장하지 않는 것 같다.

이러한 표기 방식은 다른 한편으로는 1500년대 후반에 우리나라를 '꼰라이 해안'이라고 표기한 배경과 같을 수도 있지 않을까 하는 추정을 낳게 한다. 즉 중국 대륙의 한 귀퉁이에 불쑥 길게 뻗어 나온 반도 지역을 하나의 나라가 아니라 중국 대륙에 속한 '꼬레아 지협'이라고 표기했을 수도 있다. 그러나 1600년대 전반에는 유럽 사람들이 우리나라가 적어도 하나의 독립된 나라라고 인식하고 있었던 것 같다. 그런 면에서 Corea Isthmus는 지리 또는 지형상의 특수성을 표시한 표기였다고 추정된다.

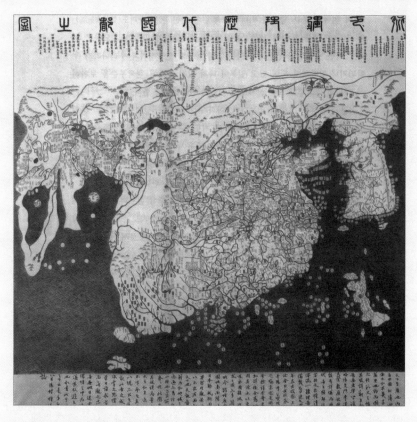

이회의 1402년 〈혼일강리역대국도지도〉
우리나라 최초의 세계지도. 조선은 비례적으로 훨씬 크게 그렸으나 형태는 잘 나타나 있다.

    우리나라에 대한 서양인들의 인식은 혼미 상태에 있었지만, 우리나라
에서는 이미 조선 왕조 초기인 1402년 이회가 제작한 세계지도 〈혼일강
리역대국도지도(混一疆理歷代國都之圖)〉에 명확한 반도로 잘 그려져 있다.
그리고 호멤의 〈세계지도〉에서는 겨우 반도의 형태를 보였던 우리나라가

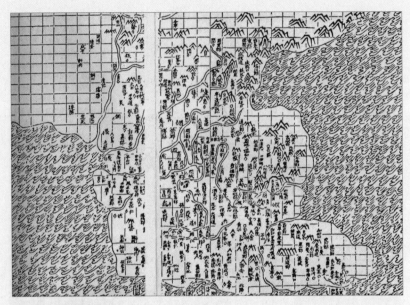

중국 〈광여도〉의 조선도.
1555년 명나라 나홍선이 개별 지도인 조선도에서 우리나라를 실제와 비슷한 반도로 그렸다.

1555년에 작성된 명나라 나홍선(羅洪先)의 〈광여도(廣輿圖)〉에서는 명확한 반도의 모습을 보이고 있다. 그러나 이러한 지도들이 서양 지도계에 전달되지는 않았던 것 같다.

드디어 반도로 확정된 우리나라 — 1600년대 중반

인접국인 중국이나 일본에서는 우리나라가 반도로 인식되었고 지도에도 반도로 묘사되었다.

1500년대 유럽 항해가들이 동양에 진출한 이후 1600년대 중반까지는 섬과 반도 사이를 오락가락했다. 1648년 요하네스 블라외의 《신세계 지도첩》과 1650년 빌렘 블라외의 〈중국도〉에 우리나라는 완전한 반도로 묘사되었다. 한편 《만주족의 중국 침략사(Bellum Tartaricum)》를 저술한 마르티니(Martino Martini)는 1655년 《중국 지도첩(Atlas Sinensis)》을 출간했는데, 그는 이 지도첩에서 조선을 반도로 확실히 그렸다. 그리고 불레스텍스에 따르면, 마르티니는 지도에 첨부한 주석에서 Corea가 섬이 아니라 반도임을 확언한다.

> 유럽인들은 Corea가 섬인지 대륙인지에 대해 의견이 분분하다. 나는 확실한 학문적 근거를 통해 Corea가 반도이며 따라서 해상으로 한 바퀴를 돌 수 없다고 확신한다. 어떤 사람들은 Corea를 해상으로 한 바퀴 돌았다고 말하지만 그것은 이들이 Corea 남쪽의 퐁그마 섬을 Corea로 착각했기 때문이다.

우리나라는 중국, 조선, 일본이 함께 그려진 중국 전도에서는 Corea로, 조선과 일본만이 그려진 〈일본도〉에서는 Corea Peninsvla(꼬레아 반도)라고 명기되어 있다. 이 지도첩은 조선을 반도로 그렸지만, 여전히 실제의 모습과는 많이 달랐으며 산과 강만이 묘사되어 있다. 조선 8도의 이름을 표기했고 두만강도 그렸지만 강 이름은 압록강만 표기되었다. 한 가지 기억해두어야 할 점은 그때까지 '도적들의 섬(Ladrones)' 또는 켈파트(Quelpart)로 표기되어온 우리나라의 제주도가 처음으로 '퐁그마(Fongma) 섬'이라고 표기되었다는 사실이다.

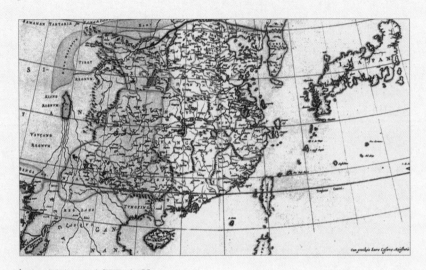

마르티니의 1655년 〈중국 지도첩〉.
중국, 조선, 일본이 함께 그려진 중국 전도로, 우리나라를 Corea로 표기했다.

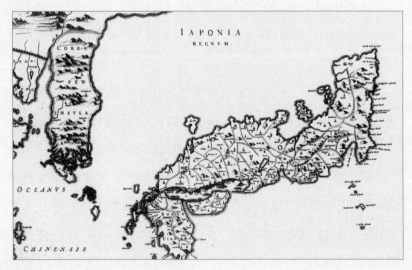

마르티니의 〈중국 지도첩〉의 〈일본도〉에 나오는 Corea Peninsvla.
우리나라를 반도로 명기한 지도로, 유럽 세계에 동양의 지리 지식을 전파하는 데 공헌했다.

상송의 1705년 지도.
우리나라를 대륙에 붙은 것
처럼 그려놓고는 섬이라고
표기했다.

마르티니의 《중국 지도첩》이 출간된 후에도, 가끔씩 섬으로 그려진 지
도가 나왔다. 1665년 요하네스 블라외가 이름을 알 수 없는 사람과 공동
제작한 지도는 섬으로 그리고 Corea Insula로 표기했고, 1670년 상송과
다베빌(D' Abbeville)이 함께 만든 지도는 섬으로 그리고 Corey I.로 표기
했다. 섬으로 그렸지만 Corea라고만 표기한 지도는 1680년 피트(Moses
Pitt)의 지도이다. 아무런 표기 없이 섬으로만 그린 지도로는 페트리니
(Paolo Petrini)의 1700년(조선 숙종 26) 판 지도가 있다. 1700년대에 들어와
서도 섬으로 그린 지도는 계속 나왔다. 1705년 상송의 일본 지도에서도
우리나라의 북쪽 끝은 대륙에 붙은 듯하지만 섬으로 표기되었다. 이렇게
우리나라가 지도에 섬으로 묘사되는 관행은 1700년 이후에 가서야 완전
히 사라지고 반도로 통일된다.

| 3부 |

Corea가 다른 표기들을 압도하다

16세기 대항해 시대는 우리나라의 로마자 국호가 '난립' 한 시대였다. 표기한 사람이 유럽의 어느 나라 사람이었냐에 따라 달랐고, 일본과 중국 두 나라 중 어느 나라의 영향을 받았느냐에 따라 달랐다. 조선을 직접 접한 사람들은 우리나라를 우리말 발음과 좀 더 가깝게 표기했다. Core, Corea, Coria, Caoli, Corai 등 수많은 표기법이 등장했다. 그러나 끝까지 살아남은 것은 Corea 였다. Corea는 16세기 후반에 처음 등장한 후 17~18세기에 다른 표기들과 경쟁을 벌이다가 19세기에 독주하게 된다. Corea는 어떻게 탄생했고, 서양에서 우리나라 로마자 표기의 대표 주자로 자리매김하게 된 원인은 무엇이었을까?

chapter 1

Corea의 탄생과 어원

16세기 말에 Corea가 처음 등장한 이래, 서양인들은 300여 년 동안 우리나라 로마자 표기로 Corea를 줄곧 사용해왔다. 게다가 Corea는 현재의 우리나라 로마자 국호 Korea의 모태가 되는 표기이다. 지금부터 Corea의 초창기 모습과 그 어원에 대해 살펴보자.

Corea의 탄생

우리나라의 국호가 로마자 Corea로 표기된 것은 언제부터였을까? 앞서 살펴본 것처럼, 기록상으로는 1571년이 최초이다. 포르투갈의 조선 선교 책임자 빌렐라가 예수회의 보르하(Francisco Borja) 총장에게 보낸 편지에서 "중국과 일본 사이에 있는 Corea라고 불리는 다른 왕국"이라고 했다.

Corea라는 로마자 표기가 1571년 빌렐라의 편지에서 처음 사용된 지

20년 가까이 흐른 후에 Corea로 표기한 지도가 등장했다. 1590년경에 출판된 것으로 추정되는 가스탈디-작자 불명의 세계지도이다. 이 지도는 1555년에 출간된 요데의 세계지도를 보완하여 완성한 것이다.

이 지도에서 우리나라의 북쪽은 중국 대륙과 경계 없이 붙어 있는데, Quinsai라고 쓰여 있다. 그 남쪽으로 장화처럼 뻗어나간 반도가 너무 작아서 'Corea'라는 이름이 오른쪽 동해상에 표기되어 있다. 일본도 마찬가지 이유로 위쪽 바다에 Iapan이라 표기되어 있다.

우리나라를 Corea라고 표기한 또 하나의 지도는 1590년대에 제작된 것으로 추정되는 작자 미상의 아시아 지도이다. 이 지도에서 우리나라의 북쪽 끝은 가느다란 목처럼 중국에 붙어 있고, 그 남쪽은 기다란 고구마 모양의 반도로 그려져 있다. 반도 중간에 Corea라고 쓰여 있다. 북쪽에는 작은 글자로 Tiauxen, 남쪽 끝에는 Cory라고 병기되어 있다. 여기에서 Tiauxen은 앞서 살펴본 것처럼 朝鮮의 일본식 발음에 따른 표기이다.

반도의 남쪽에 쓰인 Cory도 고려를 지칭하는 '꼬리'를 표음한 것이다. 이 표음은 Core와도 가깝고 또 1514년 엠폴리의 Gori와도 통하는 바가

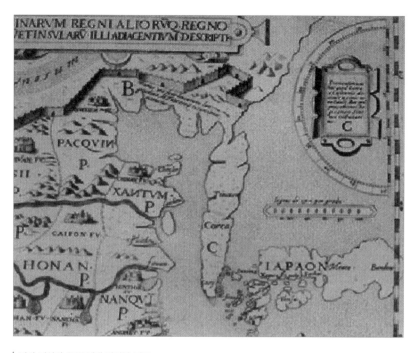

| 작자 미상의 1590년대 아시아 지도.
우리나라를 Corea로 표기하고, 북쪽에는 Tiauxen, 남쪽에는 Cory라고 병기했다.

있는 표기이다. 반도 중간에 큰 글자로 Corea라 기록했으니, 그 북쪽과 남쪽에 써넣은 Tiauxen과 Cory는 보통의 상식으로는 지역 이름이어야 하지만, 이 세 이름들은 모두 우리나라를 지칭하는 표기이다. 어째서 세 이름을 모두 작은 반도 안에 넣었을까? 당시 누구도 상륙해보지 못한 미지의 땅에 대한 지식을 일본이나 중국을 통해 간접적으로 터득했기 때문에 확실성이 없었고, 그래서 우리나라에 대해 아는 대로 모든 이름들을 다 써넣었다는 생각이 든다.

아르놀뒤스 랑그렌의 1594년경 세계지도.
우리나라를 맨 오른쪽 끝에 기다란 오이 모양의 반도로 그리고 동쪽 해상에 Tiauxem과 Corea라고 표기했다.

한편 벨기에의 지도학자 오르텔리우스는 1570년 세계 지도책《지구의
무대》를 만들었는데, 이 책의 1595년 증보판에 일본에서 선교하던 포르
투갈 신부 타이자이라가 1592년경에 제작한 일본 지도가 들어 있다. 이
지도는 북쪽의 중국 대륙을 그리지 않은 채, 우리나라를 오이 모양의 섬
으로 그렸다. 그리고 우리나라를 COREA INSVLA(꼬레아 섬)로 표기하고
북쪽에 Tauxem, 남쪽에 Corij라는 표기를 덧붙였다. 이 지도에서도 야코
뷔스 랑그렌의 지도에서와 같이 두 이름이 함께 표기되어 있다. 하지만
야코뷔스의 Tiauxen과 Cory와 달리, 여기에서는 Tauxem과 Corij로 표
기되어 있다. Tauxem의 경우 먼저의 지도에서 옮겨 쓰는 과정에 실수로

i가 빠진 것으로 보인다. n이나 m은 라틴 언어 계통에서 한글 'ㅇ'으로 발음되므로 차이가 없다고 볼 수도 있다. 그리고 Corij도 바로 앞의 Cory 와는 다르게 쓰였지만 표기의 차이일 뿐 같은 고유명사이고 발음도 차이 가 없다.

출간 연도가 불확실한 지도가 또 하나 있다. 1594년경 야코뷔스 랑그 렌의 아들 아르놀뒤스 랑그렌이 그린 세계지도에 우리나라가 기다란 오 이 모양의 반도로 그려져 있는데, 동쪽 해상에 Tiauxem과 Corea로 병기 되어 있다. 즉, 조선과 고려라는 두 이름만 나온 것이다. 여기에서도 조 선은 앞에서 본 Tiauxen과 달리 철자 n이 m으로 바뀌었다. Tiauxem과 Tiauxen은 똑같이 발음될 수 있으므로 다르게 썼거나 옮겨 쓰는 과정에 서 바뀌었을 수도 있다.

1594년(조선 선조 27) 네덜란드의 천문학자 플란키우스(Petrus Plancius) 가 그린 세계지도에서는 우리나라의 모 습을 동물의 긴 꼬리 모양 또는 길쭉한 오이 모양의 반도로 그리고, 그 속에 COREA라고 대문자로 표기했다. 대륙 과 붙은 북쪽 끝은 사람의 목처럼 아주 가늘어져 겨우 매달려 있는 것 같다. 또 반도 속의 북쪽에 작은 글자로 Tiauxem, 남쪽에 Corea라고 썼다. 여 기서 COREA의 주 표기 외에 Tiauxem 이 병기된 것은 이해되나 Corea가 또다

플란키우스의 1594년 세계지도.
동물의 긴 꼬리 모양의 반도 속에 COREA 라고 표기했다.

시 표기된 이유는 불분명하다. 작은 글자로 쓴 Corea는 마치 지방이나 도시를 뜻하는 것 같지만 우리나라에는 그런 지명이 없기 때문이다.

이 플란키우스의 지도는 앞서 언급한 네 편의 지도들의 출판 연도를 정확히 밝혀내기까지는 반도에 Corea라고 표기한 최초의 지도라고 볼 수 있을 것이다. 그러나 여기에서 한 가지 지적해두어야 할 점은, 오르텔리우스의 《지구의 무대》가 재출간된 연도는 1595년이지만 그 속에 들어 있는 타이자이라가 섬으로 그린 지도는 1592년의 것이라고 보는 견해도 있다는 사실이다. 그 견해대로라면이 이 지도가 Corea라고 표기한 최초의 지도일 수도 있다. 그러나 이 지도는 우리나라를 섬으로 그리고 섬이라고 표기했다는 점에서 결정적인 오류가 있다. 하지만 섬으로 그리고 Corea라고 표기한 맨 처음 지도가 될 수는 있다.

Corea의 어원

그렇다면 16세기 후반에 최초로 등장한 Corea라는 표기는 어떤 경로로 출현한 것일까? Corea의 어원을 추적하기 위해서는 우선 Corea의 모태로 Core를 살펴보아야 한다.

라틴어에서는 고유명사에 접미사 a 또는 ia가 붙으면 그 땅(land), 나라(nation) 또는 지역(region)을 의미한다. 또 나라는 여성형으로 분류한다. 예를 들어 남성 이름 George에 여성성을 부여하려면 이름 끝에 a 또는 ia를 붙여 Georgia로 만들면 된다. 따라서 고려라고 알려진 지역이 하나의 나라라는 것을 알게 되자 기존의 Core에 a를 붙여 Corea(고려 땅, 고려 지역 또는 고려국)로 만들었을 가능성이 크다. 이는 통일 제국 진나라의 '秦'의 발음에 따라 Chin을 도출한 뒤 여기에 a를 붙여 중국을 China로 만든 것과 같은 원리이다. 몽골은 Mongol에서 Mongolia가, 아르헨티나는 Argentin에서 Argentina가, 콜롬비아는 Colomb에서 Colombia가 만들어진 이치와 마찬가지이다.

그렇다면 Core는 언제 처음 출현했을까? 앞서 두라도가 1568년, 1571년, 1573년에 각각 그린 세 장의 지도를 살펴본 바가 있다. 이 지도들에서는 우리나라를 Conrai 또는 Comrai로 표기했다. 그러나 저자가 아직 언급하지 않은 중요한 사실이 한 가지 있다. 라크(D. F. Lach)에 따르면, 두라도는 1571년에 우리가 본 것 말고 또 다른 지도를 제작했다고 하는데, 저자가 직접 확인해볼 수는 없었지만 이 지도에서는 우리나라를 Core라고 표기했다고 한다. 저자가 본 것 가운데 우리나라를 Core라고 표기한 최초의 지도는 네덜란드 출신 드 브리(Theodor de Bry)의 1599년 해도(*Descriptio Hydrographica*)였다. 이 지도에서 우리나라는 완전한 섬으로 그려졌고, 그 안에 Core Insula(꼬레 섬)로 표기되었다.

그 후 문헌에서도 Core가 등장했다. 16세기 후반 로드리게스가 《일본 교회사》에서 우리나라를 Core라고 표기한 바 있다. 1596년 네덜란드어로 출간된 《린스호턴의 동양 수로기》에도 Core가 나온다. 하지만 로드리게스의 《일본 교회사》 집필이 정확히 언제 이루어졌는지 알 수 없다는 데 문제가 있다. Core를 사용한 최초의 사람은 1583년 인도에 도착해서 아시아에 5년 동안 근무했던 네덜란드의 린스호턴일까, 아니면 1577년부터

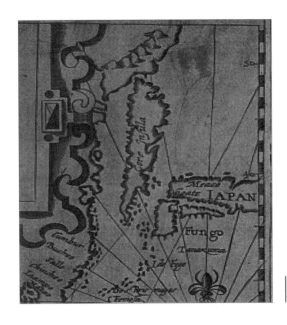

드 브리의 1599년 해도.
우리나라를 Core라고 표기했다.

일본에서 살다가 1610년에 명나라로 간 로드리게스였을까? 지금으로서
는 알 수가 없다.

　그렇다면 그들이 굳이 우리나라를 Core라고 표기한 까닭은 무엇일까?
로드리게스의 책을 보면, "중국 사람들은 Cauli라고 부르지만 조선 사람
들 자신은 Core라고 부른다"는 기록이 있다. 그렇다면 그는 조선 사람들
로부터 고려라는 발음을 듣고 Core라고 표음했을 가능성이 높다.

　그런데 1596년 출간된 《린스호턴의 동양 수로기》는 Core와 Corea의
상관관계를 포착할 수 있는 흥미로운 사실을 보여준다. 이 책의 본문에
는 분명 우리나라가 Insula de Core(꼬레 섬)로 표기되어 있다. 하지만 이
저서에 실린 아르놀뒤스 랑그렌의 지도를 보면 Ilha de Corea(꼬레아 섬)
라고 표기되어 있다. 또 한 가지, 1596년 《린스호턴의 동양 수로기》 초판

에는 우리나라가 Core로 표기되었던 것이 1599년 라틴어 판에서는 Corea로 바뀌어 있다. 이들은 Core를 하나의 나라로 인식하고 Core에 접미사 a를 붙이기 시작했던 것은 아닐까? 거꾸로 말해, 이 무렵부터 우리나라는 하나의 나라로 인식되기 시작했던 것은 아닐까?

하지만 앞서 살펴본 'Core → Corea'의 변모 과정과 다른 방식으로도 설명이 가능하다. 1580년 스페인이 포르투갈을 병합한 이래, 포르투갈의 위세는 줄어들고 스페인어가 강세를 보였다. 기록상으로 볼 때 스페인 사람이 우리나라를 Corea로 처음 표기한 것은 1601년의 일이다. 스페인의 예수회 수사 구스만은 1601년 선교사들의 편지를 편집해서《선교사들의 역사》를 집필했는데, 이 책에서 그는 우리나라를 Corea로 표기했다. 그런데 여기에서의 Corea는 'Core → Corea'와 다른 맥락의 Corea일 수도 있다. 스페인 사람이었던 구스만은 포르투갈 사람들이 일본어 발음을 따라 표기한 Corey와 Corei에서 이중 모음 ei 가운데 i를 빼고 난 후 접미사 a를 붙여서 Corea로 썼을 가능성도 완전히 배제할 수는 없다.

그렇다면 중국어 발음에 따라 표기한 Caoli는 어떨까? Caoli는 위에서 살펴본 Corij, Cory를 거쳐 Coria로 변모하는 과정을 거쳤을 뿐 Corea와는 관련이 없다.

지금까지 Corea의 어원에 관해 추론한 내용을 종합해보면, Core가 Corea로 변모했을 가능성이 가장 커보인다. 로드리게스의 예에서 살펴본 바와 같이 Core는 중국말이나 일본말에 따라서 생긴 것이 아니라 고려나 조선 사람들의 입을 통해서 유럽 사람들에게 전달되어 나왔으리라는 심증이 앞선다. 하지만 여전히 Corea의 정확한 기원은 밝혀지지 않고 있다. Corea의 모체인 Core도 언제 어디서 누구에 의해 어떤 경로로 나왔는지가 명확하지 않다. 이에 대해서는 앞으로 좀 더 면밀한 연구가 필요하다.

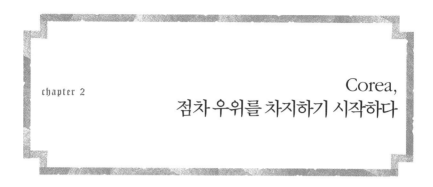

chapter 2

Corea,
점차 우위를 차지하기 시작하다

고문헌에 관한 한 어느 서지 목록도 완전하기는 어렵다고 생각한다. 지금부터 박대헌의 《서양인이 본 조선》에 들어 있는 〈조선 관계 서양 서지 연표〉에 나온 저서와 서양의 우리나라에 관한 문헌을 폭넓고 깊게 연구해온 정성화의 연구를 중심으로, 17~18세기에 출간된 서양 문헌들을 살펴보려 한다.

그 첫 번째는 스페인 출신 구스만이 1540년부터 1600년까지의 선교 자료를 담고 있는 《선교사들의 이야기》이다. 이 책에는 우리나라가 Corea로 표기되어 있다. 이 저서는 1601년에 출간되었으며, 세스페데스가 임진왜란 때 조선에 온 사실을 언급한 유일한 저서이기도 하다. 이미 설명한 카를레티의 《나의 세계 일주기》 또한 집필된 것은 1598년이지만 출간된 것은 18세기 초인 1701년이다. 여기에서는 이미 언급한 두 저서 이외의 문헌에 대해 살펴보고자 한다.

17~18세기 문헌에 등장하는 Corea

마테오 리치(Matteo Ricci)는 1582년부터 중국에 거처하며 1610년 사망할 때까지 이탈리아어로 《중국 전교사》를 집필했는데, 그 필사본을 1615년 트리골(Trigault)이 라틴어로 번역해서 출간했다(라틴어 서명은 *De Christiana Expeditione apud Sinas Suscepta*). 리치는 임진왜란 시기에 마카오에서 북경으로 올라갔다고 하면서 우리나라를 Corea로 표기했다. 트리골 판에서는 일본과 Corea에서도 한자를 사용하기 때문에 이들과 의사소통이 가능하다는 기술도 나온다. 임진왜란에 참여한 명나라 장군이 Corea 여자 노예를 데리고 온 얘기도 있다. 이 책은 후에 재판 외에도 스페인어, 프랑스어, 영어 번역본이 나왔다.

근대 유럽 항해기 전집의 창시자로 인정받고 있는 라무지오(G.B. Ramusio)의 영향을 크게 받은 영국의 퍼카스(Samuel Purchas)는 1613년과 1617년 《퍼카스 순례기: 세계의 관계(*Purchas: His Pilgrimage or Relations of the World*)》를 출간했다. 그는 또 해클루트가 사망한 후 그의 자료를 입수해서 1625년부터 대형 사판본을 출간했다. 극동에 와보지 않은 사람인데도 많은 문헌을 섭렵한 후 이 저서들을 내놓은 것이다. 우리나라와 관련된 내용은 우리가 이미 살펴본 예수회 선교사들의 서간문을 편집 또는 번역한 것이다. 물론 우리나라의 표기는 여러 가지로 나왔다.

마테오 리치처럼 중국을 유럽에 소개하는 데 크게 기여한 또 하나의 인물은 포르투갈 출신 예수회 중국 부교구장 세메도(Alvaro Semedo)이다. 그는 1640년 포르투갈어로 《중국사》를 완성했는데 널리 읽히지 않았고,

1655년에 영어 번역본(*The History of that Great and renowned monarchy of China*)이 나왔다. 저자가 다룬 시기는 만주족이 명나라를 침략하기 시작한 때인데 Corea가 명나라를 도와야 할지 만주족을 도와야 할지 외교적으로 어려워하고 있었다는 이야기도 함께 담았다. 1596년 일본군이 Corea를 쉽게 통과해 명나라로 침입하려다 실패한 이야기도 들어 있다. 1642년 포르투갈인 역사가 소우사(Manuel de Faria I Sousa)는 이 저서를 스페인어로 써서 《중국사(*Imperio de la China*)》라는 제목으로 출간한 적도 있다. 이 책은 그 후 이탈리아어, 프랑스어, 영어도 출간되었다.

이러한 저서들 중에서도 가장 인기 많았던 것은 이탈리아의 선교사 마르티니(Martino Martini)가 1654년 라틴어로 출간한 《만주족의 중국 침략사(*Bellum Tartaricum*)》였다. 1640년 이탈리아를 출발해 1643년 항주에 도착한 마르티니는 이후 중국 각지를 떠돌며 중국에 관한 정보를 수집했고, 그 결과를 집대성한 것이 바로 《만주족의 중국 침략사》이다.

이 저서에는 1616년 여진족의 누르하치가 만주에서 후금을 건국하고 점차 명나라를 침략하면서 조선을 압박한 역사가 담겨 있다. 마르티니는 조선이 명을 돕기 위해 지원군을 보내자 1627년 후금이 조선을 침략했고(정묘호란), 청나라를 건국한 후인 1636년(조선 인조 14)에 다시 침략하여(병자호란) 조선을 항복시킨 사실도 언급하고 있다. 이 저서는 조선을 Corea로 표기했다.

마르티니는 《만주족의 중국 침략사》를 출간한 이듬해인 1655년 《중국지도첩》을 출간했다. 이 책은 그가 중국에 거주하면서 기존의 여러 지도, 즉 나홍선의 1555년 〈광여도〉나 마테오 리치가 1602년 출간한 〈곤여만국

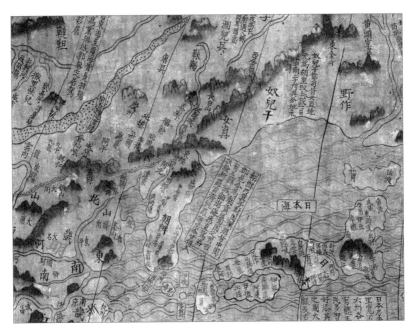

마테오 리치의 1602년 〈곤여만국전도〉 가운데 우리나라가 그려진 부분.
우리나라를 백두산 아래에 기다란 반도로 그리고 朝鮮이라고 표기했다. 국명과 지명을 모두 한문으로만
썼다.

전도〉 등을 보고 유럽으로 돌아와 1655년(조선 효종 6) 지도 제작자 요하
네스 블라외와 함께 만든 것이다. 우리나라를 방문하지 못한 그는 중국
인들이 전하는 정보를 바탕으로 조선 지도를 제작할 수밖에 없었다. 이
지도에 우리나라는 반도로 확실하게 표현되었다.

독일 출신 예수회 선교사 아담 샬(Joannis Adam I Schall)은 명말 청초에
중국에 머물며 전교 활동에 종사했다. 그는 천문 역법 등에 밝아 청나라
순치제로부터 관리로 임명되기도 했다. 그는《북경 선교의 역사(*Historica
Narratio*)》를 1665년 빈에서 라틴어로 출판했고, 그 증보판이 1672년 바

이에른(Beyern)에서 나왔다. 이 책에는 마르티니가 병자호란으로 청나라에 볼모로 잡혀온 소현세자를 만났다는 이야기도 있다.

스페인 출신 멘도사(Juan de Palafox y Mendoza) 주교는 중국에 가지는 않았지만 그동안에 나온 여러 저서들을 읽어보고 《만주족의 중국 정복사(History of the Conquest of China by the Tartars)》를 집필했다. 이 저서는 그의 사후 1670년 스페인어로 처음 출판되었다. 조선(Corea)이 청나라와 전쟁을 치르면서 조공 관계를 정립한 사실들을 기록하고 있다. 같은 해 프랑스어본(Corée), 1671년에 영어본(Corea) 등이 나왔다.

우리나라에 대한 본격적인 저서가 나온 것은 17세기 후반이었다. 중국에서 명·청 교체가 이루어지고 얼마 지나지 않은 1653년(조선 효종 4) 8월 16일 새벽 일본 나가사키로 항해하던 네덜란드 선박 스페르웨르 호가 심한 풍랑을 만나 제주도 앞바다에서 난파했다. 36명의 선원이 살아남았는데 그중에는 선박의 서기였던 하멜도 포함되어 있었다. 이렇게 많은 서양인들이 한꺼번에 표류해 조선에 상륙한 적은 없었다. 이들은 즉시 제주목사 이원진(李元鎭)에게 끌려갔다. 그는 한양에 보고서를 제출했는데, 그 내용이 《효종실록》에 실려 있다.

> 배 한 척이 고을 남쪽에서 깨져 해안에 닿았기에 가서 보게 하였더니, … 파란 눈에 코가 높고 노란 머리에 수염이 짧았는데, 혹 구레나룻은 깎고 콧수염을 남긴 자도 있었습니다. 그 옷은 길어서 넓적다리까지 내려오고 옷자락이 넷으로 갈라졌으며 옷깃 옆과 소매 밑에다 이어 묶는 끈이 있었으며 바지는 주름이 잡혀 치마 같았습니다.

그리고 한양에서 하멜 일행의 행동을 지켜본 조선의 실학자 이덕무가 언급한 말이 《청장관전서(靑莊館全書)》에 실려 있다.

깊은 눈, 긴 코에 수염과 머리는 모두 붉으며 발은 한 자 두 치인데, 항상 한쪽 다리를 들고 오줌을 누는 것이 개와 같다.

이러한 표현은 선비 기질을 가진 조선 사람들이 서양인을 오랑캐로 인식한 데서 온 것으로 보인다.

하멜 일행은 이듬해 음력 6월까지 제주도에서 생활하다가 한양으로 옮겨졌다. 그들은 한양에서 근위대에 소속되어 3년 동안 일했다. 그리고 훈련도감에 배속되어 군비 확장을 위한 총포 제작에 종사하기도 했다. 그들은 조선 국왕 효종의 어전에 불려갔을 때 귀환을 요청했지만, 조선의 쇄국정책으로 인해 뜻을 이룰 수 없었다. 그런데 마침 조선을 방문한 청나라 사절에게 하멜 일행 중 두 명이 탈출을 요구한 사건이 있었는데, 이를 계기로 34명이 전라도 강진의 병영으로 보내졌다. 하멜 일행은 강진에서 비교적 자유로운 생활을 영위했는데 7년 후인 1660년부터 3년 동안 기근이 계속되었다. 강진의 병영은 그들을 먹이기 힘들게 되자 다른 지방으로 분산 수용했다.

생존자 가운데 여수에 배치되었던 하멜 일행 여덟 명은 표착 13년 만인 1666년 음력 8월 작은 배 한 척을 매수하여 일본으로 탈출했다. 그들은 일본의 나가사키에 도착해서 네덜란드 상인들의 교역 거주지에 머물렀다. 그리고 《스페르웨르 호의 불운한 항해표류기》가 1668년(조선 현종

9)에 출간되었다. 이 책은 조선을 직접 방문한 유럽 사람이 쓴 최초의 본격적인 조선 관계 출판물이며, 이 책을 통해 우리나라가 드디어 서양에 널리 알려지게 되었다. 그리하여 하멜을 가리켜 네덜란드의 마르코 폴로라고 부르기도 했다.

스페르웨르 호가 난파하는 장면을 묘사한 그림.
1668년 스티히터 판의 삽도.

박대헌의 《서양인이 본 조선》에 따르면, 하멜은 자신의 원저에서 조선을 Coeree로 표기했다. 1668년 사그만(Saagman) 판에서는 Coree, 반 벨센(Van Velsen) 판과 스티히터(Stichter) 판에서는 프랑스어식 Corée라고 표기되어 있다. 이 책은 그

하멜 일행이 조선에서 생활하는 모습을 묘사한 그림.
1668년 스티히터 판의 삽도.

후 각국에서 번역 출간되었다. 1670년 프랑스에서 출간된 번역본 제목은 'Royaume de Corée(꼬레 왕국)'이다. 독일어 번역본의 경우, 1671년 독일어로 처음 번역될 때 Korea와 Corea가 혼용되다가 1672년 라이프치히 판본에서 Korea로 정착되었다. 이 경이로운 표류기는 영국 등에서 1704년, 1732년, 1744년, 1745년, 1752년, 1805년에 중간(重刊)되었는데 모두 Corea를 사용했다. 1884년과 1885년에 미국에서 번역된 책에서도 우리

당빌의 우리나라 단독 지도.
당시까지 나온 우리나라 지도 가운데
가장 정확한 지도이다.

나라를 Corea로 표기했다.

하멜과 함께 탈출한 나머지 일곱 명도 1668년 일본을 거쳐 네덜란드로 귀국했다. 이렇게 많은 서양인들이 13~15년을 조선에서 살았다. 하지만 역사·문화적으로 아주 다른 나라에서 왔는데도 조선의 지배층은 이 유럽 사람들에게 별 관심을 보이지 않은 것 같다. 효종은 그들을 불러 노래나 춤 그리고 높이뛰기 같은 것을 시켜보며 호기심을 채우긴 했지만, 서양 세계의 역사, 문화, 과학기술 등에는 관심이 없었던 것 같다.

한편 1735년(조선 영조 11) 중국에 파견되어 일하던 유럽 선교사들의 보고서들을 종합적으로 정리하고 여기에 당대의 저명한 프랑스 지리학자 당빌의 지도들을 편집해서 넣은 방대한 저술이 출간되었다. 이 책이 바로 앞서 여러 차례 인용한 바 있는 프랑스 예수회 수사 뒤 알드의 《중국 역사지리지》이다. 이 책에는 1668년 하멜의 표류기 이후 처음으로 우리나라의 지리와 역사에 관해 소개한 내용이 들어 있다. 이 저서 속에는 Corée로 표기한 당빌의 우리나라 단독 지도도 들어 있다.

위에 말한 저서 이외에, 17세기 후반 명나라가 망하고 청나라가 굳건하게 자리 잡던 시기에도 중국에 관한 여러 저술이 나왔는데 그 중 하나는 프랑스 출신 선교사 오를레앙(Pierre Joseph d'Orleans)의《중국의 두 정복자의 역사(History of the two Tartar conquerors of China)》이다. 1688년 프랑스어로 출간되었는데 명나라 말기에 우리나라(Corée)가 명나라를 지원했다는 사실과 Corée의 왕자(소현세자)가 북경에서 청 황제에게 예의를 다하던 모습을 기록했다.

유럽의 수학과 천문, 지리 지식을 청나라에 전파하는 데 큰 역할을 한 베르비스트는 벨기에 출신 예수회 선교사로 강희제의 두터운 신임을 받았다. 그는 자신의 라틴어 편지들에서, 중국에서는 Corea의 백두산을 항상 흰 눈이 덮인 장백산이라고 부른다는 이야기를 남겼다. 그의 편지는 1685년 프랑스어와 영어로 번역되었고 조선은 각각 Corée와 Corea로 표기되었다. 특히 네덜란드어 번역본은 1692년 비센(Nicolas Witsen)이 암스테르담에서 출간한《북과 동만주(Noord en Oost Tartarye)》라는 제목의 책에 번역 게재되었다.

프랑스 선교사 콩트(Louis Daniel de Comte)도 1696년 중국에 관한 자서전적 서적을 프랑스어로 출간했다. 이 책은 중국에 사대하는 국가의 예로 Corée를 들었다. 중국은 조선을 야만족으로 생각해서 두 종족 사이에 피가 섞이는 것을 막으려 했다는 기술도 남겼다. 이 저서는 인기가 있었는지 1697년에 영역본이 출판되었고 재판도 여러 번 나왔는 데 조선은 Corea로 쓰였다.

하지만 1700년대 후반까지만 해도 조선은 유럽 사람들에게는 여전히 미지의 나라였다. 그런데 그 무렵 프랑스 해군이자 해양 탐험가 라페루즈는 루이 16세로부터 극동 지역과 아메리카 해안의 남부를 탐험하라는 임무를 받았다. 1785년 8월 1일 라페루즈는 부솔(Boussole) 호와 아스트롤라베(Astrolabé) 호를 이끌고 프랑스를 떠나 1787년(조선 정조 11) 5월 21일 켈파트(Quelpart) 근처를 지나게 된다. 여기서 켈파트는 제주도를 가리킨다. 켈파트는 제주도의 위치를 최초로 파악해 해도에 기입한 네덜란드 항해사의 이름으로 추정된다. 그리고 라페루즈는 8월 27일 당시 유럽의 어떤 지도에도 나와 있지 않던 섬을 발견하고 프랑스의 저명한 천문학자 다줄레(Dagelet)의 이름을 따서 Isle Dagelet(다줄레 섬)라고 명명했다. 한상복에 따르면, 이 섬은 바로 우리나라의 울릉도이다.

이어서 그는 동해를 통과하며 조선 해안을 탐사했다. 이양선이 조선 연안에 나타난 최초의 사건이다. 그리고 10년 후인 1797년 그는 《라페루즈의 세계 항해(*Voyage de La Perouse autour du monde*)》를 출간했는데, 이책에서 조선을 Corée로 표기했다. 그의 저서는 다음 해에 중간되었고 또 영역본이 런던에서 출간되었다. 1799년에는 스웨덴어로도 출간되었다. 그 후 유럽 여러 나라 선박들이 조선 영해에 들어와 해안을 탐사하기 시작했으나 조선 땅에 공식적으로 상륙하지는 못했다.

지금까지 17~18세기에 나온 12종의 문헌을 살펴보았는데, Corea와 Corée의 빈도수가 압도적으로 많다는 사실을 알 수 있다. 16세기에는 포르투갈, 스페인, 네덜란드 등 라틴어계 국가들의 활약이 컸던 반면, 17~18세기에는 그 판도가 영국과 프랑스로 옮겨졌기 때문이다. 같은 기간에 나온 167편의 지도 중에서도 Corea가 70종, Corée가 41종, Korea가 24종으로 Corea가 압도적으로 많았다. 그렇다면 Corea와 각축을 벌였던 Corée는 어떻게 등장했을까?

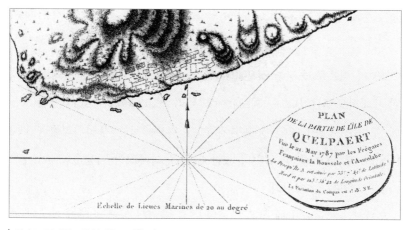

켈파트, 즉 제주도의 남단을 묘사한 해도.
등고선과 마을의 위치까지 세밀하게 그려져 있다.

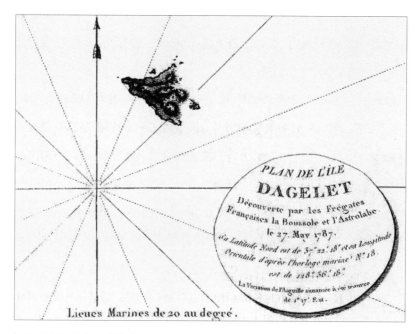

다줄레, 즉 울릉도를 묘사한 해도.
프랑스의 천문학자의 이름을 따서 다줄레라고 명명했다.

프랑스어 Corée의 등장

Corée가 최초로 등장한 것은 1645년(조선 인조 23) 프랑스의 부아소가 그린 세계지도에서였다. 이 지도는 우리나라를 La Corée로 표기했다. 그런데 부아소는 9년 전인 1636년에 그린 지도에서는 우리나라를 Corea Isthmus로 표기한 바 있었다. 9년 만에 우리나라의 이름을 Corea에서 Corée로 바꿔 쓴 것이다.

문서상에 Corée가 맨 처음 나타난 것은 앞에서 살펴본 바와 같이 스페인 출신 예수회 신부 토레스가 1548년 인도의 고아에서 로마로 보낸 편지에 일본사람들이 중국 보다 더 동쪽에 있는 Corée라는 나라 사람들과 교역한다고 쓴 것이다. 그런데 그 이후 Corée는 오랫동안 쓰이지 않았었다. 그 이유는 알 수가 없다.

Corée는 Corea의 프랑스어식 표기이다. Core를 나라 이름으로 만들기 위해 프랑스어식으로 여성형 접미사 e를 붙여 Corée가 된 것으로 추정된

부아소의 1645년 세계지도.
우리나라를 최초로 Corée로 표기했다.

다. 프랑스어에서는 China → Chine, Mongolia → Monglie, Colombia → Colombie, Corea → Corée와 같은 방식으로 나라 이름을 만든다. 한편에서는 Corée가 고려의 일본식 발음 Corai에서 비롯되었다는 주장도 있다. 프랑스어의 중모음 기피 현상으로 ai가 e로 된 후 (Corai → Core), 여성형 접미사 e가 붙어

Corée가 되었다는 것이다. 그러나 이 주장은 별로 신빙성이 없다. 1600년 대 중반은 이미 Corea가 Corai를 누르고 유럽 세계에서 자리를 잡은 때이 며 프랑스는 포르투갈, 스페인, 네덜란드, 이탈리아, 영국보다 뒤처지기 는 했지만, 극동 지역에 진출하고 있었던 나라였기 때문이다.

1668년에 네덜란드에서 하멜 표류기가 나오고 2년이 지난 1670년에 프 랑스에서 번역본이 나왔는데, Royaume de Corée(꼬레 왕국)로 표기되었 다. 이후 1670년대에도 계속해서 여러 지도 제작자에 의해 Corée로 표기 된 지도가 등장했다. 1674년 상송과 자이오, 1675년 호프만(Johan Hoffmann), 1680년 드 가렐(Avuray de Garel), 1686년 발크(Gerard Valck), 1688년 몰(Herman Moll), 1690년 코로넬리 · 티에몽(Tillemont) · 놀랑 (Nolan), 1694년 드 페르(Nicolas de Fer) 등도 모두 Corée로 표기했다.

프랑스에서는 1600년대 중반 이 후 우리나라의 표기가 Corée로 확 립되었다. 《꼬레아 견문록》에 따 르면, 우리나라를 Corée로 쓴 다 른 문서로는 1703년 프랑스 예수 회 신부 노엘(Francois Noel)이 로 마의 예수교 총사제에게 보낸 〈중 국 선교단 상황 기록〉에서 "심양 에서 선교단을 조직하면 Corée로 진출할 수 있다"는 기록이 있다.

상송과 자이오의 1674년 〈아시아 지도〉.
우리나라를 Corée로 표기했다.

Corea, 다른 표기를 압도하다

1590년대부터 사용하기 시작한 Corea는 17세기 전반을 거치면서 Corai와 더불어 지도에 가장 많이 쓰였지만 Corey, Kaoli, Caoli 등도 Corea, Corai와 함께 사용되었다. 그런데 17세기 후반에 접어들면서 점차 Corea가 제1의 표기법으로 확고히 자리를 굳히기 시작했다. 마르티니의 유명한 1655년 지도를 거쳐 프랑스 지도학자 상송이 1656년에 그린 중국도에서도 COREA로 표기했다. 그리고 1670년 보임(Boyem)과 상송의 중국도, 1680년 비셔(N. Vischer)의 일본도와 모르덴의 일본도가 모두 우리나라를 COREA로 표기했다. 이로써 1600년대 전반까지 사용된 다양한 명칭들이 정리되고 1600년대 후반부터는 주로 Corea로 표기되기 시작했다.

국가의 명칭 표기는 지도 제작자의 국적이나 지도 출판국에 따라서 달라지기도 했다. 1500년대 전반까지는 스페인, 포르투갈, 이탈리아의 지도가 성행했고, 우리나라의 표기가 나타나기 시작한 1500년대 후반과 1600년대 전반에는 네덜란드와 벨기에의 지도가 유럽을 휩쓸었다. 1600년대 후반과 1700년대에는 영국과 프랑스가 주도했다. 그리하여 영국 지도에는 Corea, 프랑스 지도에는 Corée가 쓰이게 되었고, 다른 나라들도 주로 Corea를 따라 사용함으로써, 로마자를 사용하는 유럽에서 Corea와 Corée가 점차 두각을 나타내게 된 것이다.

그렇다면 구체적으로 당시 Corea와 Corée는 어느 정도로 사용되고 있었을까? 저자가 《신동아》 2003년 11월호에 발표한 연구 자료 가운데 1600년대부터 1800년대까지의 지도를 분석한 것이 표 1이다.

표 1 유럽 지도에 표기된 우리나라 로마자 이름

나라 이름	1600년대	1700년대	1800년대
Corea	12	58	41
Corée		41	7
Corée+Kaoli Koue		6	
Coréa+Caoli Koue		3	
Coréa+Chausien		1	
Coreae+Tchao Sien		1	
Caoli		1	
Kauli		1	
Korea		24	4
Korea+Tschao Sian			2
Corai	6		
Corey	3		
Corei	1		
Coray	1		
Coria	1		
Cory	1		
Caoli+위의 이름 중 하나	2		
Corie			1
표기 불명	1	3	
	28	139	55

1600년대의 지도 28편 가운데, Corea가 12번, Corai와 Corey가 각각 여섯 번과 세 번으로, Corea의 사용 빈도수가 2위인 Corai보다 두 배나 더 많았다. 하지만 이때까지만 해도 Corea가 우위를 점하는 가운데 여전히 다양한 표기법이 공존하고 있었다. 그런데 1700년대에는 지도 139편 가운데 Corea가 58번, Corée가 41번으로, 이 두 표기가 전체의 70퍼센트 이상을 차지할 정도로 비중이 크게 증가했다. 게다가 이 즈음부터는 Corai, Corey 등의 표기가 완전히 사라졌다. 그러다가 1800년대가 되면 지도 55편 가운데 Corea가 41편, Corée가 일곱 편이 보인다. 이제는 Corea가 약 75퍼센트를 차지하면서 Corée마저 제압하고 압도적인 지위

를 차지하게 된 것이다. 이러한 통계치를 종합해보면, 1600년대부터 두 세기에 걸쳐 Corea와 Corée가 다른 표기를 압도하면서 우위를 점해나갔고, 1800년대 들어서는 둘 가운데서도 특히 Corea가 대종을 이루면서 우리나라의 로마자 국호는 Corea로 정립되어갔음을 짐작할 수 있다.

chapter 3

제국의 시대,
Corea의 시대

앞서 17~18세기를 거쳐 Corea가 대세를 장악하는 과정을 살펴
보았다. 그렇다면 우리나라의 로마자 국호는 본격적인 제국주의
시대가 열리는 19세기에 접어들어 어떤 양상을 보이게 되었을까?

19세기 전반 서양 문헌을 장악한 Corea

다음은 《정조실록》 1797년 9월조 기록이다.

이국의 배 한 척이 동래 용당포(龍塘浦) 앞바다에 표류해 이르렀습니다. 배 안
의 50인이 모두 머리를 땋아 늘렸는데, 어떤 사람은 뒤로 드리우고 머리에 백
전립(白氈笠)을 썼으며, … 그 사람들은 모두 코가 높고 눈이 파랗습니다. 역관
을 통해 그들이 어느 나라에서 왔고, 표류하게 된 경위는 무엇인지 물었더니,

한어(漢語)·청어(淸語)·왜어(倭語)·몽고어(蒙古語)를 모두 알지 못하였습니다. 붓을 주었더니 구름과 산과 같은 그림을 그려 알 수 없었습니다.

이는 우리나라 사람이 영국 사람을 보고 적은 최초의 기록이다. 이 사람은 누구였을까? 그는 영국의 해군대령 브로턴(William R. Broughton)이었다. 19세기 해양 대국 영국은 마지막 미지의 세계로 남아 있던 동북아시아 연안을 탐사하기 위해 브로턴을 파견했다. 그는 1795년(조선 정조 21) 프로비던스 호를 타고 청진과 부산 해역을 탐사하고 1797년 9월 6일 동래 용당포에 상륙해서 조선 어휘를 채집했다. 이때 조선 사람들은 용당포에 정박한 브로턴 일행과 만났고, 이 내용을 조정에 보고하여 실록에 기록되었던 것이다.

브로턴은 영국으로 돌아가 1804년 《북태평양 항해기(A Voyage of Discovery to the North Pacific Ocean)》를 저술했다. 이 책에는 조선에 관한 기록도 보이는데, 그는 여기에서 조선을 Corea라고 표기했다. 그런데 재미있는 것은 부산을 우리나라 조선을 의미하는 Tshosan과 Chosan이라고 잘못 표기했다는 점이다. 왜 그랬을까? 브로턴은 부산의 주민들에게 여기가 어디냐고 물었을 것이고, 부산 주민들은 말이 통하지 않는 그에게 아마도 '조선'이라고 답했을 것이다. 그래서 부산이 조선인 줄로 착각했을 것이다. 영국인에게 우리나라는 Corea였으니까 말이다.

브로턴의 책이 출간된 후 우리나라에 대해 언급한 책이 잇따라 출간되었다. 박대헌의 〈조선 관계 서양 서지 연표〉에 따르면, 1800년대 전반기에 총 22종의 저서가 출간되었다. 1804년부터 1848년 사이에 나온 것이다. 그중에 원본 저서는 12종이고(표 2 참조), 이를 토대로 중간되거나 번역된 것이 열 종이다. 원본 저서 12종 가운데 우리나라 로마자 표기를 확인할 수 있는 책은 11종인데, 이 가운데 아홉 종이 Corea를 사용했다. 게다가 저서의 제목에 우리나라의 이름을 직접 사용한 것은 두 종인데 모두 Corea를 사용했으며, 원본이 중간되거나 번역본으로 나온 것까지 합하면 일곱 종인데 이들 역시 모두 원본을 따라서 Corea로 표기했다. 제목에 우리나라 이름이 안 들어간 책들은 대개 중국이나 일본에 관한 내용을 중심으로 쓴 저서로 우리나라에 대해서는 간단하게 기술하고 있다.

브로턴에 이어 19세기 초에 들어서도 이양선의 출현은 계속되었다.

표 2 1800년대 전반 서양에서 출간된 저서의 원본

출간 연도	저자	제목	표기
1804	브로턴(W. R. Broughton)	A voyage of Discovery to the North Pacific Ocean	Corea
1817	엘리스(H. Ellis)	Journal of the Proceedings of Late Embassy to china	Corea
1817	맥레오드(J. McLeod)	Narrative of a Voyage in HMLS Alceste to yellow Sea along the coast of Corea, and through its numerous Islands …	Corea
1818	홀(B. Hall)	Account of a Voyage of Discovery to the West Coast of Corea, and the Great Loo-Choo Island	Corea
1823	치머만 (E. A. W. Zimmermann)	Jorden och des Invanare	?
1823	페라리오(G. Ferrario)	Il Costume Antico E Mordeno o Storia	Corea
1826	팜블라드(V. F. Palmblad)	Handbok I Physiska och Poltiska	Korea
1834	귀츨라프(Karl Gützlaff)	Journal of Two Voyages along the Coast of China, 1831, 1832 & 1833	Corea
1834	귀츨라프	A Sketch of Chinese History, Ancient and Modern	Corea
1838	지볼트(P. Fr. von Siebold)	Fauna Japonica	Koorai
1843	벨처(E. Belcher)	Narrative of a Voyage round the World performed in H. M. S. Sulphur, 1836~1842	Corea
1848	벨처	Narrative of the Voyage of H. M. S. Samarang during 1843~1846	Corea

1816년(조선 순조 16) 충청 수사 이재홍(李載弘)이 다음과 같은 장계를 올렸다.

> 마량진(馬梁鎭)에 이양선 두 척이 표류해 이르렀습니다. … 첨사와 현감이 이
> 상한 모양의 작은 배가 떠 있는 곳으로 같이 가서, 먼저 한문으로 써서 물었더
> 니 모른다고 머리를 돌리기에, 다시 언문으로 써서 물었으나 또 모른다고 손
> 을 저었습니다. … 그들이 좌우와 상하 층각 사이의 무수한 서책 가운데에서
> 책 두 권을 끄집어내어, 한 권은 첨사에게 주고 한 권은 현감에게 주었습니다.

두 척의 이양선은 영국인 서기관 엘리스(H. Ellis)와 군의관 맥레오드가 타고 있던 알세스트(Alceste) 호와 함장 홀(B. Hall)이 타고 있던 라이라(Lyra) 호였다. 그들이 첨사와 현감에게 주었던 책은 가톨릭 성서였을 것으로 생각된다. 엘리스, 맥레오드, 홀은 조선 서해안 탐사를 마친 후 각기 책을 저술하고 조선 해안 탐사에 관한 기록을 남겼는데, 이 책들은 모두 우리나라를 Corea로 표기했다. 맥레오드와 홀의 책은 1818년과 1820년 영국, 미국, 스웨덴 등지에서도 출간되었다.

표 2의 도서 목록 가운데 특히 주목해야 할 인물은 독일 출신 선교사 귀츨라프(Karl Gützlaff)이다. 1827년부터 동남아시아에서 선교 활동을 하던 그는 1831년 중국으로 건너가 1833년까지 중국 해안을 여행했다. 그는 조선 서해안의 고대도라는 섬에서 25일 동안 머물면서 한글로 번역된 주기도문과 성서를 주민들에게 나누어주었다. 귀츨라프는 바로 조선에 나타난 최초의 개신교 선교사였다. 그는 이때의 여행 기록을 담아 《1831,

1832, 1833년 세 차례의 중국 해안 여행(*Journal of Two Voyages along the Coast of China, 1831, 1832 & 1833*)》과 《중국 고대와 근대의 역사 스케치(*A Sketch of Chinese History, Ancient and Modern*)》라는 책을 펴냈는데, 이 책들에서 모두 우리나라를 Corea로 표기했다.

귀츨라프는 영국 동인도회사 소속 로드 애머스트(Lord Amherst) 호를 타고 조선 서해안을 다녀갔는데, 로드 애머스트는 조선에 정식으로 문호를 개방할 것을 요구한 최초의 이양선이었다. 중국어에 능통했던 귀츨라프는 이 배의 통역관이자 의사로 탑승했던 것이다.

지금까지 살펴본 것처럼, 17~18세기를 거쳐 두각을 나타낸 Corea는 19세기 전반에 거의 대세를 장악했다. 독일인 의사 지볼트(P. Fr. von Siebold)의 Koraischen, Koorai처럼 Corea라고 표기하지 않은 예도 간혹 있지만, 이는 예외일 뿐이었다. 일본 연구에 큰 업적을 남긴 지볼트는 틈틈이 조선에 대해서도 연구했다. 그는 1840년 일본 학자 하야시의 지도를 보고 독일어 제목의 〈고라이 반도 지도(*Karte von der Koraischen Halbinsel*)〉를 출간했다. 1858년에는 일본에서 입수한 〈조선 팔도 지도〉에 일본인이 부르는 대로 'KOORAI, Tsio-sien phal to dsi to(코오라이, 죠셴 팔도 지도)' 라고 제목을 써넣었다. 지볼트의 저작은 조선을 유럽에 소개하는 데 크게 기여했다.

물론 프랑스에서 출간된 책이나 프랑스인의 저술에서는 Corée가 계속 사용되었다. 하지만 Corée는 17세기 이후 프랑스어에 국한되어 사용되었고, Corea와 같은 계열의 표기법이 대세를 이루었기 때문에 19세기 전반기는 'Corea의 시대' 였다고 해도 무방할 것이다.

서양 제국과의 충돌

1800년대 후반에는 유럽 여러 나라의 해군 함선뿐 아니라 일반인들의 포경선도 조선 해안에 나타나기 시작했다. 1853년 1월 30일 미국 포경선 사우스 아메리카(South America) 호가 승무원 43명을 태우고 시커먼 연기를 뿜으며 부산 용당포 앞바다에 나타났다. 이 괴상하게 생긴 커다란 이양선과 그 배에 타고 있던 선원들을 목격한 조선 사람들은 이렇게 기록했다.

> 포경선의 이국인들은 하나같이 아주 고괴하게 생겼고 머리는 고슴도치처럼 산발이 되어 있었다. 얼굴은 콧대가 높고, 수염은 없으며, 몸에는 문신이 새겨져 있었다.

전형적인 서양 뱃사람들의 모습이 연상된다. 언어 소통이 되지 않아 포경선 선원들과 필담을 했는데, 그들이 휘갈겨 써준 글을 보니 "구름같이 생겼고 그림을 그려놓은 것처럼 보였다(如雲如畵)"고 했다. 그들은 아메리카에서 왔다고 되풀이해서 말한 모양이다. 그들이 한결같이 말한 '아메리카'는 미국식 발음에서 '아'가 거의 들리지 않아 '메리카'로 들렸던 것 같다. 조선 사람들은 상부에 보고한 기록에서 이들의 국적을 '며리계'로 표기했다. 이는 미국 사람과 조선 사람의 최초의 만남으로 기록된다.

1855년 7월 15일 두 번째 미국 포경선이 강원도 통천에 표류했다. 조선 사람들은 네 명의 이국인과 손짓 발짓으로 나눈 대화 끝에, 폭풍을 만나

배가 전복되어 동료 선원이 죽었으니 고국으로 보내달라는 뜻임을 알아차렸다. 서울에서 문정관이 내려와 조사했으나 어느 나라 사람들인지 알 수 없었고 결국 그들을 청나라로 보냈다. 거기서 그들은 화기국(花旗國, Flowery Flag Country, 즉 미국) 사람들로 확인되었고 상해를 거쳐 미국으로 보내졌다. 이들은 1개월 반이라는 기간을 조선에 체류했지만 남긴 글은 없다.

그 후 러시아, 영국, 프랑스, 미국, 독일 함선들이 조선 연안에 자주 나타나 가축과 양식을 약탈하거나 주민들을 살상하면서 계속 통상을 요청했지만 조선 정부는 번번이 거부했다. 그러자 서양 여러 나라와 조선은 드디어 무력으로 충돌하기에 이르렀다.

그중 특기해야 할 사건은 1866년(조선 고종 3) 8월 31일 미국 상선 제너럴셔먼(The General Sherman) 호가 대동강에 허가 없이 진입한 일이다. 선원들이 통상을 요구하자 조선 관헌들은 정부 정책에 따라 이를 거절했다. 그런데도 미국 선박이 계속 상류로 올라오자 조선의 군인과 민간인들이 화공으로 배를 격침시켰다. 이로 인해 선원 24명이 모두 죽었다. 이 사건에 관한 미국 측 기록에 조선은 Corea로 때로는 Korea나 Chosen으로 표기되었다. 미국에서는 우리나라의 명칭이 혼용되고 있었던 것이다.

두 번째 사건은 같은 해 9월 프랑스 함대가 조선 정부의 천주교도 처형을 응징한다는 구실과 통상 촉구를 내세워 강화도를 40일간이나 점령했던 일이다. 그들은 퇴각할 때 조선의 많은 문화재(규장각 도서 포함)와 금은괴를 약탈해갔다. 이 사건을 조선에서는 병인양요라고 하는데, 불레스텍스에 따르면 당시 중국에 주둔하고 있던 프랑스 함대의 참모장 앙리

외규장각 주변의 프랑스 군인들.
1866년 프랑스 해군 장교 앙리 쥐베르 그림.

주앙은 1871년 《1866년 한국 원정기, 중국해 주둔 해군의 경험(*Expédition de Corée en 1866, épisode d' une station navale dans les mers de Chine*)》을 출간하여 당시 사건에 대한 기록을 남겼는데, 조선을 Corée로 표기했다.

세 번째 사건은 1871년(조선 고종 8) 미국이 제너럴셔먼 호 사건을 응징한다는 구실로 조선의 개항을 압박하기 위해 대함대로 강화도에 포격을 가하며 상륙한 일이다. 미국 아시아 함대는 군함 다섯 척, 함재대포 85문, 해군 총 병력 1,230명으로 구성된 대부대였지만 조선 군민의 줄기찬 저항에 못 이겨 물러갔다. 이 사건이 신미양요인데 미국은 이를 공식적으로 Corean War라고 표기했다.

얼마 후에는 침탈의 야욕을 불태우던 일본이 드디어 조선을 무력으로 압박하기 시작했다. 1875년 8월 일본 군함 운양호가 강화도 초지진에 나타나 함포 위협을 하며 개항을 압박했다. 이는 일찍이 미국이 포함외교로 일본을 개항시킨 예를 따른 것이었다. 이런 일련의 사태 이후 조선은 1876년(조선 고종 13) 드디어 일본에 개항을 허락하는 강화도조약(조일수호조규, 병자수호조약)을 맺게 되었다. 이 사건 이후 일본과 유럽 각국이 조선의 개항과 통상을 요구하며 제국주의적 침탈을 시작했다.

조선은 외부 세계에 개방되어 외국어 국명이 더 자주 쓰이게 되었고, 유럽이나 미국과 외교문서를 주고받게 되었다. 이러한 격동기에 청국의 주선으로 1876년 독일인 묄렌도르프(Paul George von Moellendorff)가 조선 정부의 외교고문으로 초빙되어 합법적으로 입국한 최초의 서양인이 되었다. 묄렌도르프는 자신이 쓴 중국 관련 저서에서 조선을 Corea로 표기했다.

조약 문서에 쓰인
우리나라 로마자 국호

Corea의 표기는 개항기를 맞이하면서 더욱 절대적인 입지를 굳히게 되었다. 기존에 개인의 보고서나 사적인 기록에서 주로 사용되어온 Corea가 세계 각국의 공식 외교문서를 장악하게 되었다. 서양 각국이 우리나라와 조약을 체결하는 과정에서 우리나라를 Corea로 기록함에 따라 우리나라의 로마자 국호는 Corea로 더욱 굳어졌다.

영어권 국가의 조약문에 쓰인 Corea

1880년 5월 4일 미국의 해군제독 슈펠트(Robert W. Shufeldt)는 미국 정부의 파견으로 부산에 와서 일본 외무대신의 협조를 받아 통상 교섭을 요청하는 서신을 조선 국왕 앞으로 제출했다. 그러나 이영호에 따르면, 그의 서신은 조선 정부로부터 접수를 거부당했다. "미국 서계의 겉봉에 '대

고려(大高麗)'라고 썼는데 고려는 조선이 멸망시킨 나라의 국호로서, 조선과는 다르기"때문이었다. 이에 대해 슈펠트는 'Great Corea' 대신 'Great Chosen'으로 해야 한다는 것을 몰랐을 뿐인데, 그것이 무슨 문제인가 하면서 불평했다고 한다.

그렇다면 미국 정부는 왜 '대고려(大高麗)'라고 표기했을까? 당시 서양 사람들이 보편적으로 사용하던 Corea라는 로마자 국호의 한자 음역을 충실히 따르다보니 '대고려'라고 표기했을 수도 있다. 어쨌든 조선으로서는 고려국 국호를 정식으로 받아드릴 수 없었을 것이다. 그것은 국서를 거부한 구실이었을 뿐, 성급한 개방과 개항을 꺼렸기 때문이라는 견해도 있다. 1882년 청의 권유로 다시 조약이 체결되었을 때, Corea는 조선어로 고려국이 아닌 조선국으로 규정되었다.

조선과 미국은 우여곡절 끝에 1882년 조약을 체결한다. 이는 조선 대표의 참여 없이 청나라가 미국 대표와 직접 협의해서 타결한 불행한 조약이었다. 당시 조약 체결 준비에 참여한 청나라의 북양대신 이홍장(李鴻章, 1823~1901)은 이 조약 속에 조선이 청의 속방임을 명기하자고 주장했고 미국의 슈펠트는 독립 국가론을 폈다. 결국 속방 조항을 삭제하는 대신 조약 체결 후 조선 국왕이 미국 대통령에게 보내는 별도 조회문에 청과 조선의 종속 관계를 밝히기로 합의했다. 이홍장은 청이 조선의 종주국임을 확인시키기 위해 마건충(馬建忠, 1845~1899)과 정여창(丁汝昌, ?~1895)을 조미 조약 조인식에 파견했다. 그리하여 조선 정부는 인천항에 정박한 미국과 청나라 함정이 내려다보이는 제물포 화도진 언덕에 임시 천막을 치고, 서방 세계와는 처음으로 수호통상조약을 맺게 된다.

1882년 5월 2일 조선의 전권대신 경리통리기무아문사 신헌과 부관 김광집, 그리고 2년 전 조선 정부에 국서를 전하려다 거절당했던 미국 대표 슈펠트가 조미수호통상조약에 최종적으로 서명했다. 이 조약의 영문명은 'Treaty of Amity and Commerce between the United States of America and Corea'였다. 조인식에서 미국은 독립전쟁 시기에 영국에 저항하며 자부심을 갖고 불렀던 양키 두들 송(Yankee Doodle Song)을 연주했고 21발의 축포를 쏘았다. 이에 청국은 16발의 축포로 호응했다고 기록은 전한다. 완전한 독립국의 위치를 견지할 수 없었던 조선이 청국의 관여로 맺은 타율적인 불평등 조약이었다.

　그러나 이 조약의 조인식에서 미국은 청나라의 청룡기를 사용하는 대신 조선의 태극 도형기를 만들어서 사용했다. 미국은 조인식에서 청나라 대표의 배석도 불허하고 조선 대표와 함께 서명했다. 청의 간섭에도 불구하고 미국은 이 조약이 독립국 사이에 자유로운 의사에 의해 맺어지는 조약이라는 점을 강조하려고 했고, 그러한 흔적이 보인다. 조약문에서 조선은 Corea로 표기되었다. 조약 원문은 한문과 영문 두 언어로 기록되었는데, 조약의 내용에는 Kingdom of Chosen(조선 왕국)과 Government of Chosen(조선 정부)으로 표기되었다. 이 조약은 조선이 로마자 국호를 Corea로 하여 라틴계 언어를 쓰는 국가와 맺은 최초의 조약이다. Corea는 이듬해인 1883년 5월 19일 조미수호통상조약 호환 속약의 영어 원문에서도 그대로 사용되었다.

　여기서 주목해야 할 점은 Corea와 Chosen이 함께 쓰인 것이다. 일반적으로 우리나라는 서양 세계에 Corea로 알려져 있었기 때문에 조약 제목에 Corea를 사용했지만, 조약을 맺는 국가의 주체는 조선 왕국의 정부였기 때문에 영문으로 Chosen을 사용한 것 같다. 그러나 조선의 영문 표기가 지도와 문헌에서 사용해온 조선의 로마자 표기인 Tiauxen과 비슷한 국명이 아니라 일본 사람들이 써온 조선의 표음인 Chosen으로 쓰였다는 것은 생각해볼 일이다. 왜 이런 현상이 생긴 걸까? 아마도 조약의 주체가 조선이니 조선을 써야겠는데 어떤 표기를 써야 할지 몰라서 미국 사람들이 일본 사람들에게서 들은 그대로 Chosen이라고 표기한 것 같다. 미국은 포함외교를 통해 일본과 이미 조약을 맺은 뒤였기 때문에 미국에게는 낯선 조선의 표기를 일본에게서 배웠을 개연성이 크다.

조약이 체결된 이듬해인 1883년에 미국은 서울에 공사관을 개설하고 영어로 Legation of US, Seoul, Corea로 쓰고, 공사는 US Minister to Corea라고 썼다. 하멜이 우리나라의 수도 서울을 기록할 때 사용한 Sior도 아니고 漢陽(한양)의 영어식 음역도 아닌 Seoul이 사용된 것이 흥미롭다. 미국 공사 푸트(H. Foote)는 본국 정부에 보내는 1883년 10월 10일 보고서에서, 조선은 예전에 'Kolio(고리어: 고려)'였다가 지금은 'Chosun(조선)'이 됐다고 기술하고, 'Corean Flag(조선 국기)'를 게양하고 21발의 축포를 쏘았다고도 기록했다.

푸트 공사의 보고서에서 흥미로운 것은, 1882년 조약과 달리 Chosen이 아니라 Chosun라고 표기했다는 점이다. 조선에 대해 잘 몰랐던 1년 전만 해도 일본식 발음을 따라 Chosen으로 표기했는데, 조선에 주재하며 조선 사람들을 직접 접하면서부터 Chosun이 더 정확한 표음이라고 인식하게 된 모양이다. 이 미국 공사의 보고서는 Chosun이라는 표기를

보빙사 일행과 로웰.
앞줄 맨 왼쪽이 로웰이다. 로웰은 보빙사 일행과 귀국한 후 《조선, 고요한 아침의 나라, 코리아 스케치》를 출간했다.

사용한 최초의 예이다. 이 표기는 고종의 초청으로 조선을 방문한 미국인 외교관 로웰(Percival Lowell)이 1886년에 출간한《조선, 고요한 아침의 나라, 코리아 스케치(*Choson: the Land of the Morning Calm, A Sketch of Korea*)》에서 쓴 것과도 다른 철자이다.

미국과 조약을 맺은 조선 정부는 1883년 보빙사(민영익, 홍영식, 유길준 등 여덟 명)를 미국에 파견하기로 했다. 로웰이 안내자 역할을 했다. 미국 공사는 두루마기에 사모관대 차림을 하고 미국을 방문하는 민영익 등을 Tah-Chosun(대조선) 정부를 대표하는 'Corea의 특명 전권 공사(Minister Plenipotentiary and Envoy Extraordinary, Corea)'로 기록했다. 조선 정부라는 이름은 Chosun이라고 썼지만 공식 국호는 Corea라고 표기했다.

미국과 통상조약을 맺은 바로 이듬해 조선 정부는 영국과도 조약을 맺었다. 1883년 11월 26일 영국과 맺은 조영수호통상조약에는 한문과 영어 원문이 있는데 영문 제목은 'Treaty of Friendship and Commerce between Great Britain and Corea'로 되어 있다. '대조선국 대군주'의 표기는 영어로 King of Corea였다. 영국은 1875년 이래 모든 외교문서에서 조선 시대든 대한국 시대든 일관되게 Corea를 사용했다. 총영사관의 명칭은 British Legation, Seoul, Corea였고, 총영사는 Consul General in Corea로 썼다.

한 가지 흥미로운 사실은 영국 총영사관이 유럽의 여러 나라와 달리, 조선을 일본 사람들이 자주 쓰는 Chosen이라 쓰지 않고 오래전부터 써온 Corea를 계속 사용하겠다는 뜻을 담은 서한을 조선 정부에 보낸 적이 있다는 것이다. 조선 정부가 반대를 했다면 곧 답신을 했을 것이라고 생각되는데 영국 영사관 내에는 조선 정부로부터 답신을 받았다는 기록이 보이지 않는다. 아무튼 영국 영사관은 일관성 있게 계속 Corea를 사용했다. 미국처럼 Chosen을 쓰지 않는 것이 영국 외교의 전통이자 특징이었던 모양이다.

독일과 러시아의 Korea와 Corea

영국과 수교를 맺은 바로 그날, 대조선국은 대덕국(大德國: 대독일)과 조덕수호통상조약을 맺었다. 이 조약은 한문과 독일어로 되어 있는데, 독어 원문 표제는 'Freundschafts und Handels Vertrag Zwischen dem Deutschen Reich und Korea'로 되어 있다. 우리나라를 Corea로 표기하지 않고 Korea로 표기한 것이다. 하지만 Corea가 아닌 Korea를 사용한 것에 큰 의미를 부여하기는 어렵다. 이 조약문에는 독일어는 물론이고 당시 영국과 미국의 영향으로 강세를 보이고 있던 영어 원문도 함께 기재되어 있다. 그런데 영어 원문은 'Treaty of Friendship and Commerce between Germany and Corea'라고 쓰여, Corea라는 표기를 사용하고 있다. 부속 장정 등에서도 영어 원문에서는 Corea를 사용했다. 주재 영사관도 독일어로 Konsulat fur Korea로 표기했지만 영문으로 쓸 때는 언제나 Corea로 표기했다.

이러한 예는 러시아의 경우에서도 찾아볼 수 있다. 1884년 조선과 러시아가 체결한 조아수호통상조약의 원문은 한문과 러시아어 그리고 영어 번역문이 병기되었는데, 여기에서 러시아어 원문에서는 조선을 러시아어로 Koreya로 표기했다. 반면 영어 번역문의 표제는 'Treaty of Friendship and Commerce between Russia and Corea'로 되어 있다. 조선과 오스트리아-헝가리 제국이 체결한 조오수호통상조약에는 한문과 영어 원문이 있는데 'Treaty of Friendship between Austria/Hungary and Korea'로 쓰였다. 오스트리아는 독일어를 쓰는 나라이므로 Korea로 썼다고 생각한다. 그러나 조약의 내용에는 모두 Corea로 표기했다. 부속 장정은 물론 제목도 Corea를 사용했다.

표 3 외교 문서에 쓰인 우리나라 로마자 국호

년도	조약국	조약명(한국어와 한문)	조약명(로마자)
1876	일본(日本國)	조일수호조규(朝日修好條規)	
1882	미국(亞美理駕合衆國)	조미수호통상조약(朝美修好進商條約)	Treaty of Amity and Commerce between the United States of America and **Corea**
1883	영국(英國)	조영수호통상조약(朝英修好通商條約)	Treaty of Friendship and Commerce between Great Britain and **Corea**
1883	독일(德國)	조덕수호통상조약(朝德修好通商條約)	Freundschafts und Handels Vertrag Zwischen dem Deutschen Reich und **Korea**
1884	이탈리아(義大利國)	조의수호통상조약(朝義修好通商條約)	Trattato di Amicizia e di commercio tra Italia e **Corea**
1884	러시아(俄羅斯國)	조아수호통상조약(朝俄修好通商條約)	Treaty of Friendship and Commere between Russia and **Corea**(영문)
1886	프랑스(法民主國)	조법수호통상조약(朝法修好通商條約)	Traite d' Amitie et de Commerce entre la France et la **Corée**
1892	오스트리아 -헝가리 제국	조오수호통상조약(朝奧修好通商條約)	Treaty of Friendship and Commerce between Austria-Hungary and **Korea**
1899	청(淸國)	한청통상조약(韓淸通商條約)	Treaty of Commerce between China and **Korea**
1901	벨기에(比利時國)	한비통상조약(韓比通商條約)	Traite d' Amitie et de Commerce entre la Belgique et la **Corée**
1902	덴마크(丹國)	한단수호통상조약(韓丹修好通商條約)	Traite d' Amitie et de Commerce entre la Danemark et la **Corée**

| 4부 |

Korea의 시대가 열리다

Korea 는 현재 우리에게 너무나도 익숙한 로마자 국호 표기이다. 하지만 Korea가 서양인들 사이에서 본격적으로 사용된 것은 불과 1세기 전이었다. 대항해 시대 이래 다양한 로마자 표기가 명멸하는 가운데 유일하게 살아남은 것은 Corea뿐이었고, 19세기 제국의 시대에 접어들자 명실상부한 'Corea의 시대'가 열렸다. 서양의 개인 문헌과 국가 문서 모두 마치 약속이나 한 듯 우리나라를 Corea로 표기했다. 그러나 19세기 말에 이르러 이러한 흐름이 변화한다. Korea의 사용 빈도가 증가하더니, 급기야는 Corea를 압도하게 된 것이다. 그렇다면 Korea는 어떻게 대세를 장악했고, 어떻게 현재의 우리나라 로마자 국호로 정착하게 되었을까?

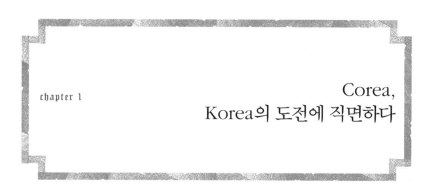

chapter 1

Corea,
Korea의 도전에 직면하다

19세기에 Corea는 개인 기록과 저서에서 우리나라의 유일한 공식 로마자 국호인 양 보편적으로 사용되고 있었다. 특히 19세기 후반에 접어들면서 서양 각국은 외교문서에서 Corea를 우리나라의 국호로 사용하기 시작했다. 따라서 Corea가 서양의 개인 문헌과 국가 문서 등 모든 면에서 유일무이한 표기 방식으로 자리 잡는 듯했다. 그러나 언어란 끊임없이 생성하고 변화하고 소멸하는 것이라고 했던가? 19세기가 끝나가는 1880~90년대 무렵부터 Corea는 강력한 도전에 직면하게 되었다. 그것은 바로 Korea의 등장이었다.

서서히 모습을 드러내는 Korea

박대헌의 〈조선 관계 서양 서지 연표〉에 따르면, 1800년대 후반에 출간된 저서는 70종이었다. 이는 1800년대 전반기에 출간된 23종보다 세 배 이상 많은 수치이다. 70종의 저서 가운데 44종이 원본이었는데, 책 제목에 우리나라 이름이 쓰인 것은 30종이었다.

그러면 제목에 우리나라 이름이 쓰인 원본 저서 30종을 대상으로, 우리나라 국호 표기 상황을 살펴보자. 표 4에 따르면, Corea가 11종, Corée가 아홉 종, Korea가 열 종이다. 여기에서 같은 계열이라 볼 수 있는 Corea와 Corée를 합하면 20종으로 전체의 3분의 2에 이른다. 그리고 중간본과 번역본을 합하면 모두 44종인데, Corea가 17종, Corée가 아홉 종, Korea가 14종이다. 19세기 전반에 이어 후반에도 Corea가 다수를 차지하고 있음을 알 수 있다. 그런데 특기할 만한 사항이 있다. 원본 30종 중에서 총 열 종이 우리나라를 Korea로만 표기했다는 사실이다. 이는 이 시기에 Korea라는 표기가 새롭게 대두하고 있음을 짐작하게 한다.

1800년대 후반의 초기까지만 해도 영국인이건 미국인이건 또는 독일인이건 주로 Corea로 썼고, Corée는 프랑스인들만이 썼다. 그러나 1800년대 후반을 거치면서 Korea의 사용이 급격히 증가하고 있다. 1868년부터 1892년까지 24년 사이에 16종의 저서가 출간되었는데 그중에서 세 종만이 우리나라를 Korea로 표기했다. 그러나 1894년부터 98년까지 5년 사이에 출간된 14종의 책 중에서 절반인 일곱 종이 우리나라를 Korea로 표기했다.

19세기 후반에는 역시 Corea로 표기한 책이 더 많았다. 로스(J. Ross)는 중국 선교사로 활동하다가 조선어를 배워 조선어로 성경을 번역한 인물이다. 그는 1882년 최초의 한글 성경인 《예수셩교누가복음젼셔》, 《예수

표 4 19세기 후반 우리나라를 제목에 표기한 서양 문헌

출간연도	저자	제목과 우리나라 표기
1868	데이두(P. G. Deydou)	Vie de Bd-Ls Geaulieu, Mort pour la Foi en **Corée**
1874	달레(Ch. Dallet)	Histoire de l' Eglise de **Corée**
1877	로스(J. Ross)	**Corea**n Primer
1879	로스	History of **Corea**
1879	맥레오드(M. McLeod)	**Korea** and the Ten Lost Tribes of Israel
1880	이든(Charles Eden)	China: Historical Descriptive. with an appendis on **Corea**
1880	오페르트(E. Oppert)	Ein Verschlossenes Land, Reisen nach **Corea**
1882	그리피스(William E. Griffis)	**Corea**, the Hermit Nation
1882	사토우 외(E. Satow et al)	Manual of **Korea**n Geographical and Other Proper Names Romanized
1886	로웰(Percival Lowell)	Choson: the Land of the Morning Calm, A Sketch of **Korea**
1886	로니(Leon de Rosny)	Les **Corée**ns, Maisonneuve Freres et Ch. Le clerc
1887	로니(Leon de Rosny)	Coutumier de la Mission **Corée**
1888	칼스(W. R. Carles)	Life in **Corea**
1888	뒬(M. D' Hulst)	Vie de Just de Breteniers Missionarire Apostolique martyrise en **Corée** en 1866
1891	로스	History of **Corea**
1892	로니(Joseph Henri Rosny)	Printemps Parfumé, Roman **Corée**n
1894	리치(John H. Leech)	Butterflies from China Japan, and **Corea**
1894	캐번디시(A. E. J. Cavendish)	**Korea** and the Sacred White Mountain
1894	커슨(George Curson)	Problems of the Far East: Japan-**Korea**-China
1894	노스로프(Henry Northrop)	The Flowery Kingdom and the Land of the Mikado or China, Japan and **Corea**
1895	컬린(S. Culin)	**Korea**n Games, with Notes on the Corresponding Games of China and Japan
1895	헤세-바르테그 (Ernst von Hesse-Wartegg)	**Korea**, Eine Sommerreise nach dem lande der Morgenruhe 1894
1895	홍종우(Hong-Tjyong-ou)	Roman **Corée**
1895	성 아우구스티누스 (St. Augustinus)	La **Corée** par un Missionaire
1895	새비지-랜더 (A. H. Savage-Landor)	**Corea** or Cho-sen: the Land of the Morning Calm
1895	화이트(T. White)	The War in the East:Japan, China and **Corea**
1897	비숍(Isabella Bird Bishop)	**Korea** and Her Neighbors
1897	샨츠(Noritz Schanz)	Ein Zug nach Osten **Korea**
1898	게일(J. S. Gale)	**Korea**n Sketches
1898	라게리(V. Laguerie)	La **Corée**

성교요안내복음젼서》를 간행했으며,《한국어 입문(*Corea Primer*)》,《한국의 역사(*History of Corea*)》등 한국어와 한국사 관련 저서를 저술했다. 특히 《한국의 역사》는 조선의 역사, 풍속, 언어, 지리에 대한 개설서로서, 고조선 이후부터 조일수호조규에 이르기까지의 역사를 정리했는데, 물론 우리나라를 Corea로 표기했다.

1892년 프랑스의 유명한 소설가 로니(Joseph Henri Rosny)는《한국 소설, 향기로운 봄(*Printemps Parfumé, Roman Coréen*)》을 출간했다. 이 책은 바로 우리 고전《춘향전》의 번역서이다. 그러나 이 책은 로니의 단독 번역서가 아니었다. 1894년 망명 중이던 갑신정변의 주역 김옥균을 상해에서 암살한 홍종우가 프랑스에서 머물던 시절 이 책의 내용을 구술하여 로니가 번역할 수 있게 한 것이다. 이 책을 비롯하여 프랑스어권에서 나온 책들은 모두 우리나라를 Corée로 표기했다.

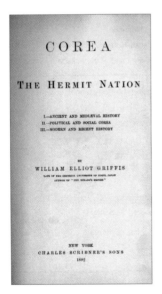

| 《은자의 나라, 한국》의 속표지.

그런데 한편에서는 Korea 표기가 부상하고 있었다. 이러한 변화 양상을 가장 잘 보여주는 예가 바로 미국인 목사이자 동양학자인 그리피스(William E. Griffis)이다. 그는 도쿄 대학 교수로 있으면서 일본사와 한국사 관련 저서들을 남겼는데, 특히 그가 1882년에 쓴《은자의 나라, 한국(*Corea, The Hermit Nation*)》은 한국에 대한 외국인의 인식을 이해하는 데 중요한 자료이다. 이

영호가 조사한 바에 따르면, 그리피스가 1880년부터 1896년까지 저술한 저서와 논문 가운데 제목에 우리나라 이름이 들어간 것은 총 14종이다. 이 중에서 Korea를 사용한 세 편을 제외하고는 대체로 Corea라는 표기를 사용했다. 그런데 1902년 이후 쓴 저서와 논문 11편에서는 1918년 〈조선의 여인들(Women of Chosen)〉이라는 글을 제외하고는 모두 우리나라를 Korea로 표기해, Corea에서 Korea로의 이행 과정을 극명하게 보여주었다.

1886년 출간된 로웰의 《조선, 고요한 아침의 나라, 코리아 스케치》도 우리나라를 Korea로 표기했다. 앞서 말했듯이 로웰은 미국의 주일 외교부 대표로, 조선 정부가 미국으로 파견한 보빙사 일행을 안내하기도 했

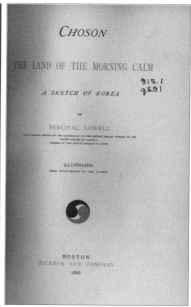

| 《조선, 고요한 아침의 나라, 코리아 스케치》의 표지(왼쪽)와 속표지.

고 유길준의 미국 유학을 주선했으며, 후일 고종의 초청으로 조선을 방문하기도 했다. 이 책은 그가 조선에서 체험한 것을 바탕으로 저술한 책이다. 그런데 이 책의 제목에서 또 한 가지 특이한 점은 조선의 영문 철자를 일본식 표음인 Chosen이 아닌 조선식 발음 Choson으로 표기했다는 사실이다.

1894년 캐번디시(A. E. J. Cavendish)가 지은 《백두산 등정기(Korea and the Sacred White Mountain)》도 우리나라를 Korea로 표기했는데, 이 책은 기산 김준근의 풍속화를 수록한 것이 특징이다. 1895년 출간된 컬린(S. Culin)의 책 《한국의 놀이(Korean Games, with Notes on the Corresponding Games of China and Japan)》는 표지에 태극기를 넣었는데, 오늘날 태극기의 건곤감리의 배치와 일치한다. 1895년 독일인 헤세-바르테그(Ernst von Hesse-Wartegg)가 쓴 한국 방문기 《1894년 여름에 찾아간 조용한 아침의 나라(Korea, Eine Sommerreise nach dem Lande der Morgenruhe 1894)》 역시 우리나라를 Korea로 표기했는데, 책 표지에는 한문으로 '高麗'라 표기되어 있다.

서양어 사전에서 Korea가 나타나기 시작하다

Korea 강세 현상은 단행본에만 국한된 것이 아니었다. 서양 각국에서 편찬한 사전에도 동일한 현상이 나타나기 시작했다. 서양 여러 나라들은 조선과 접촉이 빈번해지면서 조선과 조선 사람들에 대한 다양한 정보들

표 5 19세기 후반 서양 사전에 나타나는 우리나라 로마자 국호

	출간연도	저자	이름	우리나라 국호
1874	푸칠로(M. P. Putsillo)	노조사전		
1880	리델/코스트/다블뤼	조불사전(Dictionnaire Coreen-Francais)		Corée
	(Félix Clair Riedel/			
	G. Coste/A. N. Daveluy)			
1890	언더우드	조선어사전(A Concise Dictionary of the Korean Language)		Korea
	(H. G. Underwood)			
1891	다블뤼(A. N. Daveluy)	라조사전(Parvum Vocabularium Latino-Coreanum)		Corea
1891	스콧(J. Scott)	영조사전(English-Korean Dictionary)		Korea
1897	게일(J. S. Gale)	조영사전(A Korean-English Dictionary)		Korea

을 정리하는 작업을 서둘렀다. 첫 번째로 만들어진 사전은 1874년 출간 된 노조사전(露朝辭典)이었다. 러시아 연해주의 관리 푸칠로(M. P. Putsillo) 는 연해주의 조선인들과 의사소통을 원활히 하기 위해 조선어를 연구하 고 있었다. 이 무렵 우연히 이곳을 여행 중이던 로마노프 왕조의 알렉산 드로비치 대공후가 그 사실을 알고 푸칠로에게 재정 지원을 했고, 그리 하여 노조사전이 제작되었다. 서양어 최초의 조선어 사전은 이렇게 탄생 했다. 이후 조선에서 선교 활동을 벌이던 서양 선교사들이 조선어를 배 워야 할 필요성이 커지면서 사전을 출간하기 시작했다.

표 5에서는 다블뤼(A. N. Daveluy)를 주목할 만하다. 그는 서양의 문인 들이 중국 문헌이나 한자에만 관심을 갖고 있던 당시에 조선어 자체의 어휘 연구를 최초로 시도한 사람이었다. 그는 사전 편찬뿐 아니라 조선 의 역사에 관한 작품들의 번역에도 힘써《한국 역사 개론(*Notes pour l' introduction à l' histoire de la Corée*)》을 집필하기도 했다.

그렇다면 서양 각국의 사전은 우리나라를 어떤 표기로 소개하고 있었을까? 영국 《런던 지명 사전》의 1827년 판과 1834년 판은 Corea로 표기했고, 1870년 중국 상해에서 나온 미국 선교 단체의 지명 사전에도 우리나라는 Corea로 되어 있다. 1873년 영국의 《제국 지명 사전》에서도 우리나라는 Corea였다. 이들은 조선어 사전은 아니지만, Corea 표기가 강세였던 19세기 전반과 중반의 모습을 잘 보여준다.

프랑스에서 나온 사전들은 17세기 이래의 관행대로 우리나라를 계속 Corée로 표기했다. 1880년 프랑스 선교사 리델(Félix Clair Ridel), 코스트(G. Coste), 다블뤼 등이 저술한 《조불사전(*Dictionnaire Coreen-Francais*)》에서 우리나라는 Corée로 표기되었고, 1901년 알레베크(Charles Aleveque)의 불한소사전도 물론 Corée였다.

그러나 1890년대에 접어들어 영미권을 중심으로 Korea의 사용 빈도수가 증가하는 추세를 보이기 시작했다. 우리나라 개신교 선교의 선봉장이었던 미국은 1890년대에 처음으로 사전을 출간했는데, 우리나라를 Korea로 표기했다. 1890년 언더우드(H. G. Underwood)의 《조선어사전(*A Concise Dictionary of the Korean Language*)》과 1891년 스콧(J. Scott)의 《영조사전(*English-Korean Dictionary*)》은 우리나라를 Korea로 표기했다. 1897년 스코틀랜드계 캐나다 선교사 게일(J. S. Gale)의 《조영사전(*A Korean-English Dictionary*)》도 Korea로 표기했다.

영국, 여전히 Corea를 고수하다

19세기는 Corea가 대세를 점한 세기였지만, 1880년대 이후부터 출간된 문헌과 사전류 도서에서 Korea 표기가 등장하면서, 외국 정부나 언론 기관들은 우리나라를 Corea와 Korea로 혼용하여 표기하기 시작했다. 그러나 이러한 현상이 모든 나라에서 유사하게 진행되었던 것은 아니다. 특히 영국과 미국은 같은 영어권 국가임에도 불구하고, 우리나라의 로마자 표기 방식에서 상이한 모습을 보였다.

영국은 1883년 조영수호통상조약을 체결할 때부터 줄기차게 Corea를 사용했다. 이영호에 따르면, 서울의 영국 공사관 건물 초석에도 Corea로 표기했다. 초석을 놓은 1890년을 'The 499th of the Corean Era'라고 했는데, 조선 건국 기원을 일컫고자 할 때에는 당연히 Chosen이라고 써야 옳은데도 Corea를 썼다.

이러한 현상은 영국 외무성이 작성한 〈1888년 조선과의 무역에 관한 보고서(Report for the year 1888 on the trade of the Corea)〉에도 나타난다. 여기에서도 우리나라를 Corea로 표기하고 있다. 정용욱의 분석에 따르면, 1890년과 1891년, 그리고 심지어는 1913년과 1914년의 보고서에서도 우리나라를 Corea로 표기했다. 그리고 정부뿐 아니라 영국인이 관리하는 중국 해관의 각종 보고서나 통계 역시 Corea로 표기했다고 한다.

이영호의 연구에 따르면, 영국 성공회의 선교 잡지 《조용한 아침(The Morning Calm)》은 창간호인 1890년 7월호부터 1891년 5월호까지 영국 정부와 달리 줄곧 Korea를 사용해오다가, 1891년 6월호부터 태도를 바꾸어

Corea를 쓰기 시작했다. 이후 영국 성공회 신부들의 조선 관련 논저들도 1910년대에 이르기까지 모두 Corea를 사용했다. 물론 Korea를 사용한 개인 저서도 가끔 나타나긴 했다. 1894년에 나온 커슨(George Curson)의 《극동 문제: 일본, 한국, 중국(*Problems of the Far East: Japan-Korea-China*)》이라는 책이나 스탠포드(Edward Stanford)의 지도책에서는 우리나라를 Korea로 표기했다. 하지만 Corea의 대세를 뒤집을 정도는 아니었다.

미국, Corea를 Korea로 바꾸기 시작하다

하지만 미국의 경우는 영국과 달랐다. 미국은 1882년 조선과 조약을 체결한 이래 우리나라를 계속 Corea로 표기했다. 주한 미국 공사와 미국 본국 사이에서 연락이 오고 갈 때도 Corea가 사용되었다. 초대 공사였던 푸트는 1883년 10월 17일 본국에 보낸 편지에서 Corea라는 표기를 사용한 이래, 미국 공사관 내의 모든 문서에서 조선을 Corea로 썼다.

그런데 1884년 12월 4일부터 임기를 시작한 포크(George C. Foulk) 대리 공사는 1885년 1월 18일 문서에서 아무 설명 없이 Corea를 Korea로 바꿔 쓰기 시작했다. 그와 반대로 딘스모어(H. A. Dinsmore) 공사는 한동안 Korea로 쓰다가 1887년 11월 21일에 별다른 설명 없이 다시 Corea를 사용했고, 이후 공사 재임 기간 동안 Corea와 Korea를 계속 번갈아 가며 사용했다. 이러한 혼용 양상은 이영호가 작성한 표 6에서 극명하게 드러난다.

그러나 이러한 혼돈 양상은 그리 오래 지속되지 않았다. 1886년 3월 28일 조선의 외아문당상에 부임한 미국인 데니 (N. Denny)는 1891년

표 6 조선 주재 미국 공사의 국호 영문 표기 용법의 변화(1883~90)

미국 공사	재임 기간	우리나라 국호 표기
푸트(Jucius H. Foote)	1883. 5~1885. 1	Corea
포크(George C. Foulk)	1885. 1~1886. 6	Korea
파커(William H. Parker)	1886. 6~1886. 9	Korea
포크	1886. 9~1886. 12	Korea
록힐(William W. Rockhill)	1886. 12~1887. 4	Corea → Korea
딘스모어(H. A. Dinsmore)	1887. 4~1890. 5	Corea, Korea 혼용

출처: 이영호, 〈국호영문표기, Corea에서 Korea로의 전환과 의미〉, 《역사와 현실》, 2005.

1월까지 조선에 머물렀는데, 그는 처음에는 Corea를 사용하다가 1888년 9월 22일자에서부터 Korea를 사용했다. 그는 청의 횡포를 비판한 《청한론(China and Korea)》에서도 시종일관 Korea를 사용했다. 그러다가 1891년 중반 알렌 공사가 Korea로 쓰기 시작한 후 1905년 11월 28일 공사관이 철수할 때까지 14년 동안 계속 Korea를 사용한다. 미국 외교가에서 Corea와 Korea 사이에서 혼돈을 보이고 있던 시기에 Korea를 먼저 사용하기 시작하고 이를 변함없이 지속한 것에는 무슨 의미가 있는 것일까? 같은 공사가 C와 K를 번갈아 쓰고 어느 공사는 K만, 다른 공사는 C만 쓴 것으로 보아 이는 다분히 개인의 습관과 당시 미국 사회에서 C와 K가 혼용되고 있던 사회상을 반영한 것이라고 추정된다. 동시에 일천한 역사를 가진 신생 미국의 외교가에 일관된 방침이 서 있지 않았기 때문에 이런 일이 일어났다고 본다. 이는 영국과 매우 대조된다.

C와 K를 혼용하는 미국의 사회상은 윤치호의 일기를 통해 극명하게 드러난다. 윤치호는 초대 미국 공사 푸트의 통역으로 근무하다가 1884년 갑신정변 이후 1888년부터 1893년까지 미국에서 체류했다. 그는 미국 공

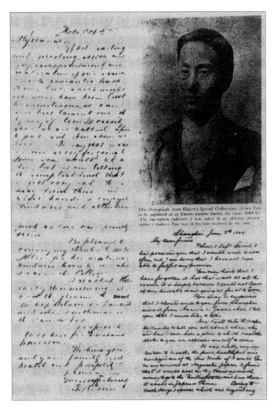

사의 통역으로 일하던 1883~84년까지만 해도 문서를 영어로 번역할 때 Corea를 사용했다. 그는 미국에서 머물 때부터 영어로 일기를 쓰기 시작했는데 1893년 9월까지만 해도 계속 Corea를 사용했다. 그런데 귀국 후인 1898년 6월까지 매년 Korea의 사용 빈도를 조금씩 높여나가더니 1898년 11월부터는 Korea를 압도적으로 많이 사용하게 된다.

윤치호가 유학 시절 친구 알렌에게 보낸 편지와 당시 윤치호의 모습.

이러한 예는 서재필을 통해서도 찾아볼 수 있다. 서재필은 1884년 갑신정변 실패 후 미국으로 망명해 펜실베이니아의 고등학교에 입학했는데, 당시만 해도 학적부에는 출생지가 Seoul, Corea로 되어 있었다. 그런데 그가 귀국해서 1896년 창간한 《독립신문》의 영문판 《인디펜던트》 1897년 10월 12일자에는 고종의 대한국 황제 즉위식에 대해 기사를 쓰면서 The Korean Empire라고 표기했다.

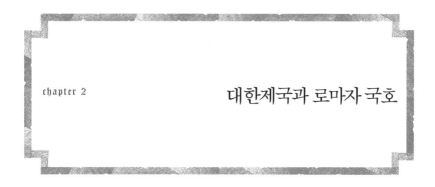

chapter 2

대한제국과 로마자 국호

1897년 우리나라는 조선(朝鮮)에서 대한(大韓)으로 국호를 바꾼다. 그로 인해 우리나라의 로마자 국호에는 어떤 변화가 생겼는지 살펴보자.

대한국 시대의 우리나라 로마자 국호

1897년 8월 14일, 조선 정부는 청의 연호를 따르던 것을 버리고 자주성을 천명하기 위해 과감하게 '광무(光武)'라는 고유 연호를 쓰기로 결정했다. 나아가 10월 14일 왕(王)을 황제(皇帝)로 격상시키고, 10월 16일에는 국호를 大韓(대한)으로 개칭했다. 조선 정부는 이 결정들을 서울에 주재하는 각국 공사관에 한문 문서로 전달했다.

이에 각국 공영사관이 답신을 보냈는데, 영국, 독일, 러시아, 프랑스 공영사관은 한문과 자국어로 연호 제정, 국호 변경, 왕의 황제 칭호 결정 등을 통고받았음을 조선 정부에 확인해주었다. 그렇다면 이때 각국 공영 사관은 답신에서 우리나라를 로마자로 어떻게 표기했을까?

미국은 영문 답신만 보냈는데, 연호가 Kwang Mu(광무)로 되고 king(왕)은 Emperor(황제)로 그리고 국호는 Taihan(대한)으로 변경된 것을 인지했다는 사실을 본국 정부에 통고했다. 그러나 이때 미국 공사관은 우리나라를 Corea가 아닌 Korea로 썼다. 반면 영국은 연호가 Kuang Mu, King이 Emperor, 국호가 Daihan으로 개칭되었음을 인지했다는 사실을 통고하면서 우리나라를 예전의 관행대로 계속 Corea로 표기했다. 프랑스는 연호가 Koang Mou로 된 사실과 King이 Empereur de Corée로 승격된 것을 인지했다고 통고했다. 하지만 국호 개칭에 대해서는 문서상에 어떤 언급도 하지 않았다. 대한도 늘 써온 대로 Corée로 썼다. 독일은 황제를 Kaiserlichen, 국호를 Tai Han이라고 인지했다면서 Korea로 표기했고, 러시아 공사관도 Korea로 표기했다.

이처럼 대한제국이 출범한 이후에도 각국의 우리나라 로마자 표기는 미국을 제외하고는 크게 달라지지 않았고, 자국어의 철자법이나 관행을 따랐다. 영국과 프랑스는 자신들의 관행대로 Corea와 Corée를 각각 고수했고, 미국은 1888년 이래 써온 Korea를 사용했다. 독일과 러시아는 조선과 조약을 체결할 때처럼 자국어의 특성대로 Korea를 사용했다.

그렇다면 각국의 답신에서 우리나라 표기가 달랐던 까닭은 무엇일까? 이는 조선 정부가 국호를 '대한'으로 바꾸면서도 서양어로는 어떻게 써야 한다는 것을 특별히 제시하지 않았기 때문일 것이다. 더욱이 조선 정부의 변경 통고에 대한 서양 각국의 답신에 대해서도 우리나라 측은 어떠한 지적도 하지 않았다. 우리가 변경한 '대한' 이라는 표기에 대해서 미국은 'Taihan', 영국은 'Daihan'으로 표기하는 등 각기 다른 철자로 써 보내왔는데도, 이렇다 할 지적을 하지 않았다.

그러나 우리나라는 대외적으로 Corea를 인정했던 것 같다. 1883년 영국이 조선과 조약을 체결한 후 총영사관이 조선을 Chosen이라 쓰지 않고 Corea로 쓰겠다는 뜻을 조선 정부에 타진했는데, 아무 답신이 없었으므로 총영사관이 철수할 때까지 Corea로 썼다. 다시 말해 조선 정부는 1882년부터 미국과 유럽 여러 나라들과 맺은 조약에 쓴 Corea를 그대로 대한국의 공식 로마자 국호로 인정하고 확정한 것이라고 추정된다.

대한국의 조약 체결과 로마자 국호

대한국으로 국체를 바꾼 후 처음으로 외국과 맺은 조약이 청나라와의 조약이다. 청은 일찍이 조선이 서방 세계와 최초로 맺은 조미수호통상조약 체결을 주선했지만, 정작 조선 정부와 정식으로 맺은 조약은 없었다. 다만 1883년 3월 〈봉천조선변민교역장정 24조(Twenty-four Rules for the Traffic on the Frontier between Liatung and Corea, etc)〉라는 지역 교역에 관한 장정을 체결했는데 이때 조선을 Corea로 표기했다. 1899년 9월 11일 한청통상조약(韓淸通商條約)에서는 영문본에서 Korea를 사용해 'Treaty of Commerce between Korea and China'로 표기했다.

조미조약 체결 당시 조선을 청국의 속방으로 명기하자고 주장하던 나라와 맺은 조약 내용을 들여다보면 감회가 새롭다. 중국을 종주국으로 삼아 조공해온 우리나라가 처음으로 한 격 아래인 조선 왕이 아니라 동격인 '대한국 대황제(大韓國 大皇帝, Emperor of Korea)'라고 표기해서 대청국 대황제와 동격의 위상을 보여주었다. 그러나 이 조약에 관한 재한 청국 공사와 한국 외부대신 사이의 왕복 문서는 'Correspondence between Chinese Minister at Seoul and Corean Minister for Foreign Affairs regarding the treaty of 1899 between Corea and China'였고, 그 후 대한국과 청이 맺은 부속 장정이나 여타 상업 문서에서 대한의 국호는 언제나 Corea로 표기되었다.

이후 대한국이 마지막으로 조약을 맺은 나라는 벨기에와 덴마크였다. 1901년 대비리시국(大比利時國: 벨지움: 白: 백) 그리고 1902년 대단국(大丹國: 덴마크: 丁末: 정말)과 맺은 통상조약의 원문은 불문과 국한문이었다. 국한문이란 기존의 순한문과 달리 한문에 한글 토씨를 달아놓은 것을 말한다. 따라서 이는 우리나라가 차차 한글의 정체성을 찾아가고 있었음을 상징적으로 보여준다. 이 조약문에서는 대한국 대황제를 l'Empereur de Corée로 표기했다.

'대한'으로 개칭한 후에 Empire of Han이나 Great Han Empire 또는 Daihan, Daehan이라고 표기한 문서는 발견되지 않았다. 그 전이나 후의 조약이나 공식 문서에도 로마자로 Han이라고 표기한 것은 전혀 보이지 않는다.

우표와 여권의 우리나라 로마자 표기

조선 시대의 우표에 나타난 우리나라의 로마자 표기를 살펴보는 것은 매우 흥미롭다. 우편 사업은 정부나 공공기관이 국가적 차원에서 관장하는 것이므로, 우표에 나온 나라 이름은 그 국가의 국호 표기에 대한 공식 입장이기도 하다. 그러면 19세기 말 당시 우표에서는 우리나라 로마자 국호를 어떻게 표기했을까? 1956년 한국 체신부에서 발행한 《한국우표목록, 1884~1956》을 분석해보면, 우표에서도 우리나라 로마자 국호 표기의 변천 과정을 엿볼 수 있다.

1884년 4월 22일 홍영식 등의 노력에 의해 조선 국왕의 칙령으로 우정총국이 설치되었다. 그리고 같은 해 11월 18일 최초로 우표를 발행하기로 했다. 당시 발행하기로 했던 문(文) 단위 우표는 5, 10, 25, 50, 100문 (文)의 다섯 종류로 우표 도안의 원화는 일본 사람이 그렸다. 그런데 5문과 10문 우표가 발행된 직후인 1884년 12월 4일 우정총국 개국 축하연에서 김옥균, 홍영식 등의 주도로 갑신정변이 일어났다. 그러나 거사가 삼일천하로 실패하자, 결국 나머지 세 종류의 우표는 발행되지 못했다.

이미 발행된 5문과 10문의 보통 우표에는, 한글로는 '대죠선국우초', 영문으로는 'COREAN POST'로 표기되어 있고 각각 '오문-五文', '십문-拾文'으로 한글과 한문이 병기되었다. 발행되지 못한 25, 50, 100문짜리 태극 문양 우표도 똑같이 '대죠선국우초'와 'COREAN POST'로 표기되었고, 돈 단위도 한글과 한자로 병기되었다. 하지만 이미 발행된 5문과 10문 우표마저도 갑신정변이 일어나는 바람에 21일 만에 판매가 중단

**1884년 발행한
10문 우표(왼쪽)와 100문 우표.**
COREAN POST로 표기되어 있다.

되었다.

여기서 특기할 사항은 1876
년의 조일수호조규와 1882년
조미수호통상조약 원문에도 쓰
이지 않은 한글이 1884년 조선
정부 발행의 공식 문건인 우표
에 사용되었다는 것이다. 더욱

특기할 점은 오늘날에는 朝鮮을 한글로 '조선'이라고 철자하는데 근대에
는 '죠션'이라고 표기했다는 것이다. 이는 1500년대 말에 유럽 사람들이
조선을 Tiauxen으로 썼고 1600년대에 하멜이 Tiocen(디오센-됴센-죠션-죠
션)으로 쓴 것과도 상통한다. 즉, 조선 시대 사람들은 조선을 '죠션'으로
발음했을 것이라고 추측되는 것이다.

갑신정변으로 중단되었던 우정 사업은 10년 만에 재개되었다. 1894년
일본 대장성 인쇄국에서 새 우표를 인쇄했고, 1895년 7월 22일 우정 사업
이 재개되었다. 이때 발행된 태극 문양 우표 네 종에는 국호가 '죠션우
표, KOREA'로 변경, 표기되었다. 그 후 1900년 1월 15일 조선인 지창한

1894년 발행한 우표.
KOREA로 표기되어 있다.

(池昌翰)이 우표 도안의 원도를 작성하고 대한국 농
상공부 인쇄국이 발행한 우표에도 Korea로 되어 있
다. 우표가 처음 발행된 지 10년 만에 Corea가
Korea로 바뀐 셈이다. 그 후 1902년 10월 21일 발
행된 고종 황제 어극 40년 경축 기념 우표는 프랑
스에서 인쇄되었는데, 이때부터 1903년 6월 1일까

지 14종의 우표에는 COREE로 표기되었다. 그러고 난 후 1905년까지는 다시 KOREA로 된 우표를 사용했다.

대한국 시대에는 여권도 최초로 발행되었다. 서방 세계 여행의 필요성이 제기되자, 수민원을 설치하고 여권을 발행하기 시작했다. 수민원 총재 민영환이 광무 7년인 1903년에 하와이 이민자들에게 발행한 우리나라 최초의 여권은 국한문과 프랑스어로 쓰여 있다. 여기에서 우리나라는 'l'Empereur de la Corée '로 표기되었다.

그러나 다음 해인 1904년(광무 8) 대한국 외부가 발행한 여권은 순 한문과 영문 그리고 프랑스어로 되어 있다. 두 개의 태극기가 그려진 대한국의 여권은 대한국 외부(外部)를 영문으로는 Korean Foreign Office, 프랑스어로는 Ministree Des Affaires Étrangères de L'Empire de Corée로 표기했다. 당시 프랑스어가 국제 외교계에서 상용되고 있는 언어여서 프랑스어가 많이 쓰였다고 본다. 일반 통용어로는 영국의 영향으로 영어가 많이 쓰인 시대적 배경을 보여주고 있다.

20세기 초, Corea를 압도하는 Korea

1800년대 후반부터 우리나라에 가장 많은 관심을 기울인 나라는 미국과 일본이었다. 유럽 여러 나라들이 1600년대에 기울였던 관심은 쇠퇴했다. 우리나라의 기독교 선교는 주로 미국 개신교 목사들에 의해 주도되기 시작했다.

19세기 말은 Korea가 점차 득세하며 Corea와 경쟁하던 시기였다. 그러나 Corea와 Korea의 각축은 그리 오래 지속되지 않았다. 20세기 초에 접어들어 'Korea의 시대'가 열린 것이다.

서양 문헌을 지배한 Korea

1884년 9월 한 미국인 개신교 선교사가 제물포에 도착했다. 그의 이름은 알렌. 1858년 미국 오하이오 주에서 태어난 알렌은 의과대학을 졸업

하고 25세 때 중국으로 건너가 선교 활동을 시작했다. 그러나 중국 생활에 적응하지 못한 그는 조선 선교를 자원했다. 알렌은 선교사의 입국을 꺼리는 조선 정부의 정책을 고려해 미국 공사관 소속 의사로 신분을 위장했다. 그는 갑신정변 때 자상을 입은 명성황후의 조카 민영익을 살려내 고종의 총애를 얻었고, 급기야 어의(御醫)로 발탁되어 당상관의 품계까지 받았으며, 우리나라에 최초의 서양 의료 기관인 광혜원을 설립했다. 이후 알렌은 미국 공사관 대리공사까지 올랐지만 1905년 3월 루스벨트(T. Roosevelt) 대통령에 의해 해임돼 미국으로 돌아갔고, 1932년 세상을 떠났다.

그는 우리나라에 관한 책을 집필했는데, 박대헌에 따르면《한국의 진실과 허상(*Korea: Fact and Fancy*)》(1904)과 《한국적인 것들(*Things Korean*)》(1908)이 그것이다. 알렌은 이 두 권의 책에서 우리나라를 Korea로 표기했는데, 모두 1900년대에 나온 책들이다.

박대헌의 〈조선 관계 서양 서지 연표〉에 따르면, 1900~10년에 출간된 저서는 68종인데 그중 51종이 원본이다. 51종의 원본을 출판한 나라들 가운데, 역시 미국이 29종, 영국이 13종으로 대부분을 차지했다. 다음으로는 한국 세 종, 중국 두 종, 독일 두 종 그리고 일본과 캐나다가 각각 한 종씩 출판했다. 이 원본들 가운데 우리나라의 이름이 제목에 언급된 책은 알렌의 책 두 권을 합하여 총 22종이다. 그런데 이 22종에 쓰인 우리나라의 로마자 이름은 모두 Korea였다(표 7 참조).

우리는 이미 1800년대 말에 우리나라의 로마자 국호 표기가 Corea와 Corée에서 Korea로 변천해가는 현상을 살펴보았다. 그런데 1900년대에

출간 연도	저자	제목과 우리나라 표기
1903	고토(B. Koto)	A Catalogue of the Romanized Geographical Names of **Korea**
1904	알렌(Horace Newton Allen)	**Korea**: Fact and Fancy
1904	테일러(C. J. D. Taylor)	**Korea**ns at Home
1904	언더우드(L. H. Underwood)	Life in **Korea**
1904	위햄(H. J. Whigham)	Manchuria and **Korea**
1904	해밀턴(Angus Hamilton)	**Korea**
1905	헐버트 (Homer Bezaleel Hulbert)	The History of **Korea**
1905	겐테(S. Genthe)	**Korea** Reiseschilderungen
1905	언더우드	With Tommy Tomkins in **Korea**
1906	헐버트	The Passing of **Korea**
1906	바야-루스코드 (Vaya-Luskod)	Empires and Emperors of Russia, China, **Korea** & Japan
1906	차벨(R. Zabel)	Meine Hochzeitsreise durch **Korea**
1907	존스(G. H. Jones)	**Korea**: the Land, People, and Custom
1908	알렌	Things **Korea**n
1908	매켄지(F. A. McKenzie)	Tragedy of **Korea**
1908	래드(G. T. Ladd)	In **Korea** with Marquis Ito
1908	언더우드	The Call of **Korea**
1909	헐버트	The Passing of **Korea**
1909	베어드(A. L. A. Baird)	Daybreak in **Korea**
1909	게일(J. S. Gale)	**Korea** in Transition
1910	컬슨(C. T. D. Coulson)	Peeps at Many Lands **Korea**
1910	켐프(E. G. Kemp)	The Face of Manchuria, **Korea**, and Russian Turestan

표 7 1900~10년 우리나라를 제목에 표기한 서양 문헌

접어들어 거의 모든 저서에서 Korea를 사용했다. 미국인도 독일인도 일본인도 우리나라를 모두 Korea로 표기했다. 프랑스인이나 라틴어계 나라의 저자는 없었다. 미국인 선교사가 제일 많았고 또 미국인 학자도 다른 어느 나라보다 많았다.

헐버트(Homer Bezaleel Hulbert)는 우리나라의 독립 운동사와 연관이 깊

은 인물이다. 그는 1905년 을사조약이 체결된 후 고종의 밀서를 지니고 미국으로 돌아가 국무장관과 대통령 면담을 시도했다. 1906년 다시 내한한 헐버트는 1907년 고종에게 네덜란드에서 열리는 2차 만국평화회의에 밀사를 파견할 것을 건의했고, 한국 대표보다 먼저 헤이그에 도착하여 한국의 국권 회복 운동에 적극 협력했다. 대한민국 수립 후인 1949년 국빈으로 초대를 받아 내한하였고, 양화진의 외국인 묘지에 묻힌 그는 생전에 한국에 관한 영문 저서 두 권을 남겼다. 《한국사(*The History of Korea*)》와 《한국 견문기(*The Passing of Korea*)》가 그것인데, 두 저서 모두 우리나라를 Korea로 표기했다.

표 7에서는 두 명의 독일인 기자를 주목할 필요가 있다. 겐테(S. Genthe)는 1901년 6월 중국을 거쳐 제물포를 통해 입국, 11월 초까지 약 반 년 동안 서울, 강원도 당고개 금광, 금강산을 거쳐, 제주도 한라산 정상까지 등반했다. 그가 여행을 마치고 나서 쓴 여행기는 1901년 10월부터 1902년 11월까지 〈퀼른 신문〉에 연재되었다. 그후 겐테는 당시 위험한 분쟁 지역인 모로코로 특파되었는데, 1904년 그곳에서 최후를 맞았다. 하지만 그의 동료 기자 베게너(Georg Begener)는 1905년 겐테가 신문에 연재한 글을 모아 단행본으로 펴냈다. 그 책이

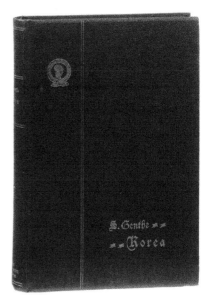

겐테의 《신선한 나라 조선, 1901》의 표지.
하단 오른쪽에 Korea 표기가 보인다.

바로 《신선한 나라 조선, 1901(*Korea Reiseschilderungen, 1901*)》인데, 우리 나라를 Korea로 표기했다.

또 한 사람의 독일 기자 차벨(R. Zabel)은 조선에서 신혼여행을 즐긴 인물이다. 그는 1904년 조선에 입국하여 부산과 서울, 제물포, 원산 등지를 여행하고, 《나의 한국에서의 신혼여행(*Meine Hochzeitsreise durch Korea*)》을 저술했다. 이 책은 당시의 조선 사회가 이미 일제의 식민지로 전락하여 일본의 대륙 침략을 위한 전진기지로 변하고 있음을 암시하고 있다. 이 책 역시 Korea로 표기했다.

20세기 초의 Korea 강세 현상은 서양에서 편찬된 사전에서도 그대로 나타난다. 19세기 말까지 Corea와 Korea가 병존해온 서양의 사전은 20세기에 접어들면서 Korea로 정리되는 양상을 보였다. 1901년 뉴욕의 한 장로교 선교 단체에서 나온 지명 사전에서 Korea로 표기되었고, 1905년 영국의 《현대 백과사전》은 우리나라를 Corea로 표기했지만 1920년 런던에서 나온 《새시대 백과사전》은 Korea로 표기했다.

북한 사회과학원 언어학연구소의 강정순에 따르면, 유럽과 미국의 백과사전에 나온 Corea와 Korea의 관계는 다음과 같다.

《영국 백과사전(*Encyclopedia Britannica*)》을 보면 1875~82년까지 출판된 사전에는 Corea만이 사용되었다. 그런데 1902년 판 25권의 Corea 항목은 Korea를 보라고 되어 있다. 그리고 Korea 항목에 우리나라에 대한 설명이 있다.

1906년 뉴욕판 《신백과사전(*The New Standard Encyclopedia*)》에도 Corea

를 찾으면 Korea를 보라고 되어 있고, Korea 항목에서 우리나라에 대해 서술하고 있다. 1910년대부터는 완전히 Korea로 정착되어, 1918년《미국 백과사전(*The Encyclopedia Americana*)》7권에 있는 Corea는 Korea를 보라고 되어 있다. 1926년《영국 백과사전》7~8권에도 Corea는 없고 15~16권에 가서야 Korea 항목을 마련하여 설명을 하고 있다.

물론 이러한 Korea의 강세는 갑자기 나타난 현상이 아니었다. 300여 년이라는 장구한 시간에 걸쳐 Corea 계열(프랑스어 Corée 포함)과 각축을 벌이면서 형성된 것이다. 이러한 면모를 극명하게 보여주는 통계 자료가 있다. 박대헌의 목록에는 9세기 중엽부터 1945년까지 서양에서 출간된 방대한 양의 우리나라 관련 도서 목록이 포함되어 있다. 이 가운데 1600년대~1910년 유럽에서 출간된 저서들 가운데 제목에 우리나라의 이름을 사용한 원본들만 살펴보면 총 58종의 책이 추려진다(단, 1600~1700년대는 제목과 내용을 모두 포함). 그런데 이 58종을 분석해보면, 1600년대부터 1849년까지는 Corea 계열의 독무대였다가 1850~99년에는 Korea의 약진이 두드러지고, 1900~10년에는 Korea가 완전히 압도하는 경향을 보인다. 표 8은 그러한 변화 양상을 극명하게 보여준다.

표 8 1600년대~1910년 유럽 원본 저서 제목에 쓰인 우리나라 이름

시기 국명	Corea	Corée	Korea	총 횟수
1600~1700년대(제목과 내용 포함)	1	3		4
1800~49(제목만)	2			2
1850~99(제목만)	11	9	10	30
1900~10(제목만)			22	22

Korea가 최종적으로 압도하게 된 까닭

그렇다면 이러한 변화는 어떻게 생겨난 것일까? 다시 말해 Corea의 C가 K와 경합하다가 Korea가 대세를 장악하게 된 원인은 무엇일까? 이를 파악하기 위해서는 다시 두 개의 통계 자료를 살펴볼 필요가 있다. 표 9 는 1600년대~1910년을 대상으로 유럽 저서 제목에 우리나라 이름 (Choson으로 나온 것은 제외)이 표기된 원본은 물론이고 재간, 중간, 번역 된 것까지 합쳐서 조사한 것이고(단 1600~1700년대는 제목과 내용을 모두 포함), 표 10은 같은 시기를 대상으로 하되 각국별로 저서 출간 수를 통계화한 것이다.

이 두 개의 표를 토대로 하여 Korea가 주도권을 장악하게 된 원인을 분석해보자. 우선 1600~1700년대의 경우 Corea 계열은 Corea가 네 종, Corée가 여섯 종으로 총 열 종을 차지했다. 이 가운데는 네덜란드인 하멜이 쓴 책과 그 중간본 및 번역본, 그리고 프랑스인이 쓴 저서가 다수를 차지하고 있다. 1600~1700년대에 대해서는 앞서 3부에서 자세히 언급했으니 여기에서는 생략하기로 한다. 참고로 이 시기에 Korea로 표기한 책도 한 권 있는데, 이는 하멜 표류기의 독일어 번역본이다. 독일은 독일어의 발음 관행대로 Corea 대신 Korea를 사용했던 것이다.

이러한 경향은 1800~49년에도 계속되었다. 표 9에 따르면, 이 시기에 나온 서양 문헌 가운데 제목에 우리나라 이름이 사용된 저서는 총 일곱 종인데 모두 Corea를 사용했다. 이들은 모두 영국에서 출간된 책들이다. 당시 제국주의의 시대를 주도하던 영국이 우리나라 관련 도서를 다수 출

표 9 유럽/미국 저서 제목에 쓰인 우리나라 이름(원본+중간본+번역본)

국명 　　시기	1600~1700	1800~49	1850~99	1900~10
Corea	4	7	17	2
Corée	6		9	1
Korea	1		14	30
총 횟수	11	7	40	33

표 10 각국별 저서 출간 수

국명 　　시기	1600~1700	1800~49	1850~99	1900~10	총계
네덜란드	1	1	1		3
영국		8	11	13	32
프랑스	2	1	8		11
독일			3	2	5
이탈리아	1	1			2
미국		1	10	29	40
스웨덴		2			2
일본			5	1	6
중국			2	2	4
한국			1	3	4
홍콩			1		1
러시아			1		1
국적 불명			1		1
캐나다				1	1
총계	4	14	44	51	113

간하면서 Corea로 표기함으로써, Corea가 대세를 굳히는 데 막대한 영
향력을 끼쳤음을 보여주는 대목이다. 표 10의 통계를 보아도 영국의 강

세가 두드러지게 나타난다. 1800~49년의 원본 총 14종 가운데 영국 여덟 종, 스웨덴 두 종, 네덜란드 한 종, 프랑스 한 종, 이탈리아 한 종, 미국 한 종의 분포를 보여준다. 16~18세기 포르투갈, 스페인, 네덜란드의 시대가 가고 19세기 전반에 이르러 영국의 시대가 도래했음이 이 표를 통해서도 확인된다.

그러나 1800년대 후반에 접어들면서 변화의 양상이 감지된다. 표 9에 따르면, 1850~99년에 나온 서양 문헌 가운데 제목에 우리나라 이름이 사용된 저서는 총 40종이다. 이 시기에 특징적인 것은 제목에서 Korea로 표기한 문헌이 14종으로 대폭 증가했다는 점이다. 그렇다면 Korea의 사용 빈도가 이처럼 갑자기 증가한 원인은 무엇일까? 표 10은 그 이유를 잘 설명해준다. 1850~99년은 여전히 영국(11종)과 프랑스(여덟 종)의 책 출간이 강세를 보이고 있지만 미국에서 출간된 우리나라 관계 서적이 열 종이나 된다. 당시 영국과 프랑스가 각각 Corea와 Corée를 사용했다는 점을 미루어볼 때 이 시기에 Korea로 표기한 문헌은 대체로 미국인이 저술한 책이었음을 짐작할 수 있다. 특히 제목에서 Korea로 표기한 문헌은 19세기 후반 중에서도 1880년대 이후에 본격적으로 등장하기 시작했는데, 이는 Korea가 19세기 후반을 거치면서 점차 자리를 잡아가고 있음을 입증해준다.

미국 주도의 출간 흐름은 1900~10년에 더욱 두드러져 Korea(30종)가 Corea 계열(세 종)을 완전히 압도하게 된다. 특히 서양 선교사의 책이 큰 비중을 차지했다. 총 261종의 저자 중에서 선교사가 78명으로 30퍼센트에 육박해 가장 많았고, 다음으로 학자가 76명이었다.

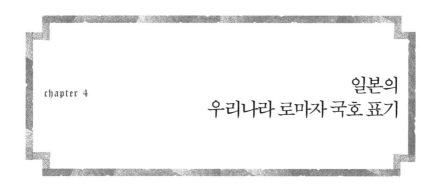

chapter 4

일본의
우리나라 로마자 국호 표기

19세기 후반부터 20세기 초까지 서양이 사용한 우리나라의 국호는 Corea에서 Korea로 변화했는데, 이 시기는 일본의 조선 침략과 병합이 이루어진 시기이기도 하다. 그렇다면 일본은 우리나라의 국호를 로마자로 어떻게 표기했을까?

조일수호조규에 나타난 우리나라의 로마자 국호

조선은 1876년 일본과 조일수호조규를 체결했다. 이 조규는 우리나라 최초의 공식 외교문서이다. 조약 원문에 조선 측은 한문(漢文)으로 대조선국(大朝鮮國), 일본 측은 일본문으로 대일본국(大日本國)으로 표기되었다. 그렇다면 이 조규에서 우리나라는 로마자로 어떻게 표기되었을까? 조약 원문에는 서양어가 보이지 않는다. 다만 휘찬 상권 목차에는 'Treaty of

Peace and Friendship between the Kingdom of Corea and the Empire of Japan' 이라는 영문이 쓰여 있다. 우리나라를 로마자로 Corea 라고 표기한 것이다.

뒤이어 체결된 조일무역규칙(조일통상장정)도 목차만 영문으로 'Regulation under which Japanese Trade is to be conducted in Corea' 라고 표기되어 있다. 이듬해 1월 30일 체결한 조일부산조계조약의 원문도 조선 측의 한문과 일본 측의 일문 원문뿐이다. 1879년 8월 30일의 원산 개항 예약 원문에도 서양어문은 없고 목차에는 Corea로 되어 있다. 1883년 7월 25일의 조일통상장정 및 해관 세칙은 목차만 영문으로 Corea라고 표기했다. 1883년 9월 30일의 인천조계조약도 한문과 일문으로만 작성되어 있을 뿐 서방 세계의 문자가 사용된 흔적은 보이지 않는다.

이에 앞서 1882년 5월 조선은 처음으로 서양어인 영어를 사용하여 미국과 조약을 체결한 바 있었다. 따라서 1년 후인 1883년 조선과 일본이 체결한 조약들에 서양어가 병기될 법도 하다. 하지만 두 나라 모두 한문을 공통으로 사용하고 있어 제3국어의 필요를 느끼지 않았던지, 서양어를 사용하지 않았다.

조약문에 영역문이 최초로 병기된 것은 제물포조약 때의 일이었다. 1884년 11월 9일 조선과 일본이 체결한 제물포조약의 제4조 부속 문서는 우리나라 조선을 Corea로 표기했다. 그 후 조계에 관한 여러 조약들에서는 항상 영어 원문을 사용했는데, 그때마다 우리나라는 Corea로 표기되었다.

그러나 제물포조약 이후에는 또다시 목차에만 Corea가 등장한다. 같은 해의 조선 간 행리정협정약서에서도 목차 제목만 Corea로 표기했고, 1885년 한성조약(Convention between Corea and Japan for the Settlement of Differences between two countries) 역시 원문에는 한문과 일문만 있고 Corea는 목차에서만 등장한다. 1889년 조일통상장정에도 목차 제목에만 Corea로 되어 있다. 우리나라와 직접 관련된 조약은 아니지만 1895년 4월 17일 청일전쟁을 종결한 시모노세키 조약에서도 라틴계 언어는 사용되지 않았다. 전쟁에서 승리한 일본이 조선은 청의 속방이 아니고 자주독립국가라고 주장하며 한문과 일문 원문 내용에 우리나라를 朝鮮國이라고 표기했다. 1894년 조일양국맹약(Treaty of Alliance between Corea and Japan)에서도 목차 제목만 Corea가 사용되었다. 이처럼 조선 시대 일본과 맺은 외교문서에 서양어가 사용되었을 경우 모두 Corea로 표기했다. 당시 서양 각국이 Corea를 주로 사용했던 시대적 흐름이 그대로 반영되었던 것이다.

1905~10년 일본의 우리나라 로마자 국호 표기

1904년 1월 23일 대한국 정부는 엄정 국외중립을 선언했다. 그러나 러일전쟁이 일어나자 1904년 2월 23일 일본의 강압으로 공수동맹을 전제로 한 조일의정서를 체결했다. 원문에는 대한국 대황제와 대일본국 대황제의 명칭이 나오고 대한국 측 원문에 국한문이 쓰였다.

1905년은 대한국이 독립국의 주권을 빼앗기기 시작한 해였다. 11월 17

일 일본의 강압으로 체결한 〈한일협상조약〉에는 일문과 국한문 원문만 있고 영문본은 없었다. 일본은 이 조약을 맺었다는 사실을 서방의 아홉 개 나라에 통고했는데, 그 문서에서 한국을 Corea로 표기하고 있다.

Memorandum Appended to the respective Notes addressed from Japan to Great Britain, The United States, France, Germany, Austro-Hungary, Italy, Belgium, Denmark and Chinaregarding the Convention of 1905, between Japan and **Corea**.

나라의 운명이 다급해지자 고종 황제는 같은 해 11월 26일 미국에 체류하고 있던 한국 황실고문인 미국인 헐버트에게 편지를 보내, 을사조약이 무효이니 도와달라는 편지를 미국 루스벨트 대통령에게 보내달라고 했다. 고종 황제의 서한 번역문에 우리나라는 Korea로 표기되었다. 그러나 고종은 바로 4개월여 전인 7월 29일 일본 수상 가쓰라와 미국 육군장관 태프트가 가쓰라-태프트 밀약을 체결하여 일본의 한국 지배를 미국이 승인해준 사실을 모르고 있었다. 이 협정문에서는 한국에 관한 문제를 Korean question이라고 썼고, 또 한국을 지배한다는 의미로 Suzerainty over Korea로 표기되어 있다.

일본은 2년 후인 1907년 7월 24일 대한국에 한일신협약(정미7조약)을 강요했다. 이 협약의 체결로 대한국의 자주성은 완전히 상실되었다. 일본은 다시 이 조약 체결 사실을 앞서 말한 9개국에 같은 방식으로 통고했다. 여기에서는 다시 Corea로 표기했다.

1908년 10월 31일의 〈어업에 관한 협정(Agreement between the Corean Government and the Residency-General of Japan regarding the Fishing Industry of the subjects of Corea and Japan)〉에도 대한국은 Corea로 표기되었다. 그리고 1909년 7월 12일 〈한국의 사법 및 감옥 사무를 일본 정부에 위탁하는 기유각서(Memorandum concerning the Administration of Justice and Prison in Corea)〉에도 Corea로 표기했다.

이처럼 우리나라와 일본이 맺은 주요 조약들에서 Corea가 줄곧 사용되었다. 하지만 주요 조약에서 Corea를 주로 사용했다고 해서 일본인들이 우리나라를 Corea라고만 표기했다고는 볼 수 없다. 1890년대로 접어들면서 Corea를 사용한 예가 다수를 차지하는 와중에 Korea가 점차 강세를 보이기 시작한다. 정용욱에 따르면, 1893년에 나온 《일본 제국사》는 우리나라를 Korea로 표기했다. 이 책은 시카고 만국박람회에 맞춰 출간되어 세계 각국에 배포되었다.

1900년대에 접어들면서 Corea와 Korea는 일본인들 사이에서도 지속적으로 경합을 벌였다. 도쿄 제국대학 교수 고토와 가나자와가 펴낸 《로마자 색인 조선 지명 자휘(A Catalogue of the Romanized Geographical Names of Korea)》는 그 예이다. 1903년 도쿄 제국대학에서 출간된 이 영문 책자는 두 명의 저자가 1899년과 1902년에 우리나라를 직접 답사하여 만든 조선 지명의 로마자 색인이다. 이 책은 우리나라를 Korea라고 표기하고 있다. 이러한 경향은 러일전쟁 이후 더욱 가속화했다. 정용욱에 따르면, 일본은 서구를 향해 승전을 자랑하는 책들을 다수 출판했는데 그러한 책들에서도 대부분 Korea로 표기했다.

한편 이 시기에 정부의 공식 문서에서도 그러한 경향이 나타났다. 이영호의 조사에 따르면, 《통감부 문서》에 등장하는 영문 문서에서 Corea가 52건, Korea가 80건으로 Korea가 점차 많아지는 경향을 보인다. 한 예로, 1909년 7월 26일 일본 정부가 대한국 정부와 마지막으로 조인 교환한 〈중앙은행에 관한 각서(Memorandum concerning the Establishment of the Bank of Korea)〉는 원문에 영문이 없긴 하지만 목차의 영문 제목에는 Korea로 표기되어 있다.

일제 강점 시대 우리나라 이름의 로마자 표기

Corea와 Korea의 혼용 양상이 정리된 것은 1910년의 일이다. 일본의 보호령으로 전락한 대한국은 결국 1910년 8월 22일 일본에 병합되었다. 〈한일병합조약〉은 한국문과 일문으로만 되어 있다. 이 조약은 한국 황제가 일본 황제에게 병합을 승인하는 형식으로 되어 있는데, 이 조약은 영역문이 없다. 그런데 일본은 1910년 8월 29일 〈한국 병합에 관한 선언〉을 일문으로 만들면서 그 영역문에서 'Declaration as to the Annexation of Korea to the Empire of Japan' 라고 표기했다.

1905년 〈한일협상조약〉을 체결하고 그 결과를 서방 아홉 개 나라에 통고했을 때에도, 1907년 〈한일신협약〉을 체결하고 그 사실을 9개국에 통고했을 때도 대한국을 Corea로 표기했던 일본이었다. 그러나 이번에는 달랐다. Corea가 Korea로 바뀐 것이다. 하지만 앞서도 지적했지만, 이는 갑작스러운 변화가 아니었다. 1890년대부터 일본의 Korea 사용이 증가하고 있었고, 그러한 흐름이 〈한일병합조약〉에 반영되었다고 볼 수 있다.

북한 학자 공명성은 《일본의 외교 자료 집성》에 의거한 그의 논문에서 다음과 같은 사실을 밝히고 있다.

> 일본은 1910년 6월 3일 대한국 합병 후의 시정방침을 결정했다. … 병합준비 위원회를 설치하여 합병 후의 국호, 조선 사람의 지위, 사법상의 제 사항을 토의하고, 21개 항목에 따르는 〈병합시정안〉을 7월 8일의 내각회의에서 실행 세목으로 통과시켰다. 그리고 즉시 조약문을 비롯한 모든 대외 관계 문서들에서 우리나라 국호의 표기를 전부 Korea로 표기했다. 일례로 일본은 8월 29일 칙령 318호로 열강들에게 정식 통보하기에 앞서 조약이 비준되기 하루 전인 8월 21일에 이미 우리나라 국호의 표기를 Korea로 하여 합병 사실을 보도하였다.

우리나라를 Korea로 바꿔 표기한 일본은, 다음 단계로 대한국을 '조선'으로 개칭하고 통치 기관인 조선총독부(Government General of Chosen)를 설치했다. 총독부는 한양 주재 각국 공영사관과 교환한 문서에서 우리나라의 로마자 표기를 Corea가 아닌 Chosen(조센)으로만 썼다. 그리하여 대한국은 소멸되었고 그와 함께 Corea라는 표기도 없어졌다. 나라가 없어졌으니 우리 민족은 나라 이름을 외부에 말할 수도 없게 되었다.

1913년 4월 21일 조인된 〈재조선 각국 거류지 제도 폐지에 대한 조선

1910년 발행된 1원권 지폐(위)와
1914년 발행된 100원권 지폐.
우리나라의 로마자 표기가 Korea에서
Chosen으로 바뀌었음을 확인할 수 있다.

총독부 외사국장과 당해 체약국 영사관 협의회의 의정서〉에는 서명자가 Government General of Chosen(조선총독)으로 표기되었다. 1914년 3월26일 위 의정서 실시 기일에 관한 외교문서에서도 Chosen이라고 표기했다. 나라를 빼앗김과 동시에 우리나라의 로마자 국호 Corea도 Korea도 함께 잃어버렸다. 이제는 Chosen(조센)으로만 쓰이게 되었다.

1905년의 을사보호조약을 전후해 전국에서 의병들이 일어나 일본에 항거했으나 대세는 이미 기울었다. 많은 애국지사들이 중국, 연해주로 이주해서 독립운동을 준비하고 있었다. 일제에 강점된 지 9년 만인 1919년 3월 1일 만세운동이 전국적으로 일어났다. 일본의 압제에 항거하고 국권을 회복하기 위해 일으킨 3 · 1운동으로 수많은 사람들이 희생되었다. 그해 4월 중국 상해에서 대한민국 임시정부가 수립되었다.

대한국 시대에는 대한국이 공식적인 우리나라 국호였는데, 임시정부에서는 '대한민국'이라는 새로운 국호를 사용했다. 그 임시정부가 발행한 독립선언서에는 태극기와 민족 대표들의 이름과 정부 각료의 명단이 들어 있었다. 독립선언서는 영어로 'The Proclamation of Korean Independence'라고 표기되었다. 그리고 대한민국 임시정부의 영어 명칭은 상대국과 시기에 따라 'Provisional Government of Corea' 또는 'Provisional Government of the Republic of Korea'로 쓰였다. 태평양전쟁이 한창 진행 중이던 1940년대에 미국의 상원과 하원에서 임시정부로 인정받을 때는 로마자 명칭을 'Provisional Government of the Republic of Korea'로 표기했다. 그리고 1942년 대한민국 임시정부는 미국의 루스벨트 대통령에게 한국 독립운동에 대한 정치 · 경제 · 군사적 지원을 승인해줄 것을 요구하는 서신을

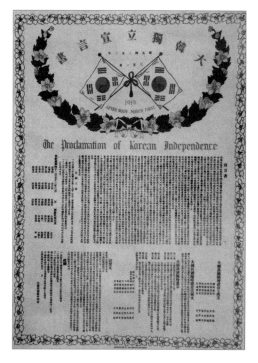

대한민국 임시정부가 발행한 독립선언서.
영어로 'The Proclamation of Korean Independence'라고 표기했다.

보냈는데, 이 서신의 발신자를 'The Provisional Government of the Republic of Korea'로 표기했다.

2차 세계대전이 연합군의 승리로 굳어지면서 1943년 11월 미국, 영국, 중국의 카이로 선언, 1945년 2월 미국, 영국, 소련의 얄타 협정, 같은 해 7월 미국, 영국, 소련의 포츠담 선언 등이 잇달아 이루어졌는데, 우리나라 반도의 이름은 Korea로 표기되었다. 양차 세계대전을 거치며 미국이 강대국으로 발돋움하면서 영어권이 점차 강해지기 시작했다. 그때까지

프랑스어가 국제어로 많이 쓰이던 것이 차차 영어로 바뀌면서 Korea로 굳어졌다.

이러한 양상은 한국 관계 서양 도서들에서도 나타난다. 박대헌의 통계에 따르면, 1905년부터 1949년 사이에 출간된 한국 관계 서양 도서는 총 133종이다. 출판된 지역별로 보면 미국 71종, 영국 23종, 독일 12종, 프랑스 열 종이었다. 이 시기에는 영국도 Corea보다는 Korea를 썼고 미국과 독일은 물론 Korea로 썼으니 미국, 영국, 독일을 합하면 106종이 된다. 프랑스는 Corée로 썼으므로 80퍼센트 이상이 Korea로 표기했을 것이라는 추론이 성립된다.

미국은 양차 세계대전에서 승리하며 점차 그 세력을 확장해나갔으며, 서구 열강들 가운데 우리나라에 가장 깊숙이 관여했다. 영어는 프랑스어를 대신해서 국제 언어로 자리 잡기 시작했다.

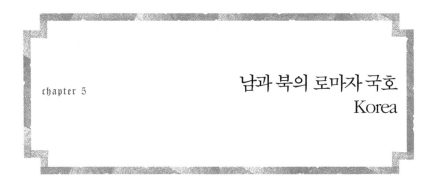

chapter 5

남과 북의 로마자 국호
Korea

유럽에서 독일과 추축국이 미국과 유럽 연합군에 의해 먼저 패했다. 얼마 후 아시아에서는 미국이 일본 본토에 원자탄을 투하하여 일본을 패퇴시켰다. 소련은 미국과 약속한 대로 패색이 짙은 일본에 선전포고를 하고 만주에 주둔한 일본군을 패퇴시키며 우리나라 반도로 남진하기 시작했다. 일본의 오키나와까지 진공한 미군은 우리나라 상륙이 늦어졌다. 이에 미국과 소련은 우리나라 반도의 북위 38도선을 경계로 그 이북은 소련이, 이남은 미국이 분할 점령하기로 했다.

미국 주도 연합군의 승리로 우리나라는 1945년 8월 15일 일제로부터 해방되었다. 해방과 더불어 38도선의 점령군 경계가 생기고 38도선 이북에는 소련의 군정이, 이남에는 미군의 군정이 시작되었다. 전쟁의 장본인인 일본은 분할 점령되지 않고, 일본에 강점되었던 우리나라가 남과 북으로 분단되었다. 일제 강점기에 독립운동을 해왔던 상해 임시정부 요인들은 해방군의 일원으로 개선하지 못하고 개인 자격으로 귀국했다. 북쪽에서는 항일 무장투쟁을 해왔던 일단의 공산주의자들을 중심으로 북조선임시인민위원회가 조직되었다. 남쪽에서는 민족주의 지도자들이 암살되는 등 격심한 혼란 속에 미군정이 정국을 주도했다.

1945년 9월 반도의 이남에 진주한 미군의 포고 제5조는 '영어를 공용어로 한다' 는 것이었다. 남과 북은 혼미한 해방 정국에서 미소 언어권이 쓰는 대로 우리나라 이름을 Korea로 쓰기 시작했다.

1948년 8월 15일 남쪽에서는 대한민국 정부가 수립되었다. 대한민국의 영어 명칭은 Republic of Korea로 채택되었다. 북쪽에서도 1948년 9월 9일 조선민주주의인민공화국이 수립되었는데, 영어 명칭은 Democratic People's Republic of Korea로 정해졌다. 남과 북 모두 우리나라 로마자 국호 표기에 대한 차분한 역사적 고찰 없이 시세에 따라 Korea를 공식 로마자 국호로 사용한 것이다.

남과 북에서 모두 채택한 Korea는 승전국이 주로 사용하던 언어의 관습에 따라 표기된 것이었다. 분단 후 남북 간에 일어난 전쟁도 미국이 붙여준 이름인 Korean War로 쓰고 있다. 1991년 UN에 가입한 남과 북은 각각 ROK와 DPRK라는 약칭으로 불리고 있다. 남북 간의 외교문서나 민간 차원의 교류 문서에서도 양측 모두 Korea를 사용하고 있다.

서양 문헌과 지도에 나오는
우리나라 이름의 연혁, 1246~1889

이름	연도	저자	문헌
Sila	846~847	이븐 후르다드베	《제도로와 제왕국지》
高麗	1137	가탐	《해내화이도》
Sila	1154	알 이드리시	세계지도
Solanges	1246	카르피니	《몽골인의 역사》
Caule	1255	루브룩	《몽골 제국 여행기》
Cauli	1298	마르코 폴로	《동방견문록》
Kaoli	1300경	라시드 앗 딘	《집사》의 영역본
Gores	1510	아라우조	알부케르크에게 보낸 편지
Guores	1511	피레스	《동양요록》
Gori	1514	엠폴리	피렌체로 보낸 편지
Coree	1548	토레스 · 란칠로토	예수회 보고 서한
(3각형 반도)	1554	호멤	〈세계지도〉
朝鮮	1555	나홍선	〈광여도〉 속의 조선도
Gore	1557	알부케르크	알부케르크의 전기
(반도)	1563	루이스	동양 해도
Costa de Conrai	1568	두라도	동양 해도
Costa D Comrai	1571, 1573	두라도	동양 해도
Core	1571	두라도	동양 해도
Coray	1571	빌렐라	예수회 보고 서한
Corea	1571	빌렐라	예수회 보고 서한
Chausien, Cauly	1576	라다	《중국에 관한 보고서》
Coria	1578	프레네스티노	예수회 보고 서한
高麗	1580s	작자 불명(포르투갈)	동양 해도(대명국, 일본국 표기)
高麗	1584	마테오 리치	〈산해여지도〉
Coray, Coria	1590	프로이스	예수회 보고 서한

Coray, Core, Cauli	1549~90	로드리게스	예수회 보고 서한, 《일본 교회사》
Corea	1590?	가스탈디 · 작자 불명	세계지도
Corea, Tiauxen, Cory	1590?/96?	야코뷔스 랑그렌	동인도 지도
Reino de Corey	1591	루이스 프로이스	보고 서간
COREA INSVLA	1592/5	타이자이라	일본 지도
Corai?	1593	요데	극동 지도
Corea, Tiauxem	1594?	아르놀뒤스 랑그렌	동인도 지도
COREA, Tiauxem	1594	플란키우스	세계지도
Ilha de Corea	1595	아르놀뒤스 랑그렌/ 헨리퀴스 랑그렌	동인도 지도
Insula de Core, Chausien	1596	린스호턴	《린스호턴의 동양 수로기》
Corai	1597	루게시	아시아 지도
Corea, Cioscien	1598	카를레티	《나의 세계 일주기》
Coray Regmon	1599	라이트	동양 지도
Cory	1601	에레라	1575년 아랍 해도에 근거한 〈서인도 제국도〉
朝鮮	1602	마테오 리치	〈곤여만국전도〉
Corais, Caoli	1606	혼디우스	아시아 지도
Corea Isthmus	1611	혼디우스	세계지도
Coria	1617	마테오 리치	〈중국전교사〉 독일어판
Corée	1645	부아소	아시아 지도
Corey	1650	상송	아시아 지도
Corea	1654	마르티니	《만주족의 중국 정복》
Corea	1654	마르티니	《만주족의 중국 정복》 독일어판
Corea Peninsvla	1655	마르티니	일본도
Coree, Tiocenkouk	1668	하멜	《스페르웨르 호의 불운한 항해표류기》
Korea	1671	하멜	《스페르웨르 호의 불운한 항해표류기》 독일어판
R de Tiocen, Caoli, Corée	1674	상송/자이오	아시아 지도
Tiocengou, Caoli, Corée	1674	상송/자이오	아시아 지도
Corei	1676	두발	아시아 지도
Corie	1688	조주옹	아시아 지도
Tiocencouk, Corea	1692	코로넬리	〈지아폰 섬과 꼬레아 반도〉
Chausien, R De Coree	1705	드 릴	〈인도와 중국 지도〉
Tchao Sien, Kaoli Koue,	1732	당빌	중국 지도

Regnum Coreae			
Korea	1734	키릴로프	〈러시아 제국 총도〉
Korea	1738~41	뒤 알드	1735년 《중국 역사지리지》의 런던 영역판
Chao Sien, Caolikove, Corea	1739, 1744	하시우스	중국 지도
Korea	1747	애슬리	《신항해기집》
R. De Corée, Kaoli Koue	1762	보공디	시베리아 러시아 지도
Kaoli Kove	1762	로베크	러시아 지도
Korea	1808, 1814	하멜	《스페르웨르 호의 불운한 항해표류기》 런던 영역판
Koraischen	1840	지볼트	고라이 반도 지도
Corie	1845	김대건	꼬리 지도(Carte de la Corie)
KOORAI, Tsio-sien phal to dsi to	1858	지볼트	〈조선 팔도 지도〉
Korea	1879	맥레오드	《조선과 열 개의 사라진 이스라엘 부족》
Corea, Kingdom of Chosen, Government of Chosen	1882	조미수호통상조약	영문 제목과 조약 내용
Choson	1886	로웰	《조선, 고요한 아침의 나라, 코리아 스케치》
Kolio, Chosun	1883	푸트	조약 체결 후 본국 보고 내부 문서
Corean Post	1884	조선 우정총국	조선 최초 우표
Tai han	1897	미국 공사관	국호 대한 개칭에 대한 답신
Daihan	1897	영국 영사관	국호 대한 개칭에 대한 답신
Tai Han(Gross Han)	1897	독일 영사관	국호 대한 개칭에 대한 답신
조선	1889	헐버트	아시아 디도
大韓國	1889	한청통상조약	영문 제목

국문

《고려사》.

《삼국사기》.

《삼국유사》.

《조선왕조실록》.

강정순,〈백과사전 자료를 통하여 본 Corea의 Korea에로의 교체과정〉, 국호 영
　　　　문표기에 관한 언어 · 역사학 연합학술회의, 평양, 2002년 12월 26일.

고려대 아세아문제연구소,《구한국외교문서》제10권 미안1, 고려대학교 출판
　　　　부, 1965.

——————————————,《구한국외교문서》, 고려대학교 출판부, 1965.

고려대학교 아세아문제연구소 한국근대사료편찬실 편,《구한국 외교관계 부속
　　　　문서 전권》, 고려대학교 출판부, 1972~74.

고마쓰 히사오 외, 이평래 역,《중앙유라시아의 역사》, 소나무, 2005.

고병익,《동아교섭사의 연구》, 서울대학교 출판부, 1980.

공명성,〈조선 강점을 전후한 시기의 Corea : Korea〉, 국호 영문표기에 관한 언
　　　　어 · 역사학 연합학술회의, 평양, 2002년 12월 26일.

곽차섭,《조선청년 안토니오 코레아, 루벤스를 만나다》, 푸른역사, 2004.

국가보훈처,《해외독립운동사료 미주편 1 · 2》, 국가보훈처, 1994.

국립진주박물관,《임진왜란과 도요토미 히데요시》, 부키, 2003.

국회도서관 입법조사국,《구한말조약휘찬》상 · 중 · 하, 서울, 1964~65.

권종성,〈우리나라 국호표기의 'Core'에 대한 역사어원론적 고찰〉, 국호 영문
　　　표기에 관한 언어 · 역사학 연합학술회의, 평양, 2002년 12월 26일.

김상일,〈문명의 전환으로 본 Corea 되찾기 운동의 의의〉, 통일 한마당 학술세
　　　미나, 로스앤젤레스, 2003년 8월 1일.

김성택,〈프랑스 문헌에 나타난 한국의 이미지에 관한 연구〉,《한국프랑스학논
　　　집》Vol. 47, 2004.

김영원 · 신동규,《항해와 표류의 역사》, 솔출판사, 2003.

김영황,〈력사에 묻힌 'Corea'의 실체와 그 변천과정〉, 국호 영문표기를 바로잡
　　　기 위한 북남 토론회, 평양, 2003년 8월 21일.

김호동,《동방 기독교와 동서문명》, 까치, 2002.

──── ,《몽골제국과 고려》, 서울대학교 출판부, 2007.

단국대학교 동양학연구소,《개화기 한국 관련 구미 신문자료집》, 단국대학교부
　　　설동양학연구소, 2001.

────────────── ,《개화기 한국 관련 구미 신문자료집》, 국학자료원, 2001.

라시드 앗 딘, 김호동 역주,《칸의 후예들》, 사계절출판사, 2005.

루이스 프로이스, 강병구 · 왕선애 역,《포르투갈 신부가 본 임진왜란 초기의 한
　　　국》, 까몽이스재단 · 주한 포르투갈 문화원, 1999.

르네 그루쎄, 김호동 · 유원수 · 정재훈 역,《유라시아 유목제국사》, 사계절출판

사, 1998.

리성호, 〈우리나라 국호의 영문표기를 왜곡날조한 일제의 책동은 용서할 수 없
　　　는 국가적 범죄〉, 국호 영문표기를 바로잡기 위한 북남 토론회, 평양,
　　　2003년 8월 21일.

마르코 폴로, 김호동 역주, 《마르코 폴로의 동방견문록》, 사계절출판사, 2000.

무함마드 깐수, 《신라 서역 교류사》, 단국대학교 출판부, 1992.

　　　———————, 〈新羅·아랍-이슬람諸國關係史 研究〉, 단국대학교 박사학위논
　　　문, 1989.

문영호, 〈우리나라 국호의 영문표기에 대한 역사언어학적 고찰〉, 남북공동학술
　　　토론회, 서울, 2003년 3월 2일.

박대헌, 《서양인이 본 조선》(상·하), 호산방, 1996.

박철, 《세스뻬데스—한국 방문 최초 서구인》, 서강대학교 출판부, 1987.

박태근, 〈이경준(제6대 통제사) 장군의 통영 건설과 당포해전〉, 통영 국제학술
　　　회의, 2004년 10월 5일.

박태근·김차규·이원순·김장춘·신동규·김원모, 《코레아 견문록》, 명지대
　　　학교 LG연암문고 10주년기념특별전 도록, 2006.

박태근·정용욱, 《국제한국학연구》 Vol. 2, 명지대학교 국제한국학연구소,
　　　2004.

방동인, 《한국지도의 역사》, 신구문화사, 2001.

서핑일, 〈영문국호 Corea-Korea 문제의 현단계 연구내용과 과제〉, 통일 한마
　　　당 학술세미나, 로스앤젤레스, 2003년 8월 1일.

서길수, 〈'高句麗'와 '高麗'의 소릿값에 관한 연구〉, 《고구려연구》 27집, 2007.

서정철,《서양 고지도와 한국》, 대원사, 1991.

양승윤 외,《바다의 실크로드》, 청아, 2003.

양윤선, 포르투갈 신리스본 대학 석사과정, 개인 교신.

오인동,〈우리나라 모습과 표기의 변천사〉,《한민족포럼》2005년 여름호.

──── ,〈초기 서양지도와 문헌에 나타난 우리나라 표시와 표기〉,《내일을 여는 역사》18호, 2004.

──── ,〈통일 국호는 'Corea'로─국호 영문표기에 관한 남북 토론회〉,《역사비평》65호, 2003.

──── ,〈통일로 가는 길에서 국호는 Corea-꼬레아로〉,《한민족포럼》, 2003년 겨울호.

──── ,〈통일로 가는 길에서 나라이름은 Corea로〉, 통일 한마당 학술세미나, 로스앤젤레스, 2003년 8월 1일.

──── ,〈Corea 되찾아야 민족 주체성 회복─동서양 사료로 본 Corea, Korea 연원〉,《신동아》, 2003년 11월호.

윤행임(尹行恁),《석제고(碩齋稿) 권9》,〈해동외사(海東外史)〉, 박연 조, 서울대 규장각 소장.

이덕무, 민족문화추진회 편,《청장관전서》제5권, 솔출판사, 1997.

이상태,《한국 고지도 발달사》, 혜안, 1999.

──── ,〈서양 고지도에 표기된 우리나라 국호〉,《역사비평》No. 65, 2003.

──── ,〈서양 고지도에 표기된 우리나라 국호〉, 국호 영문표기를 바로잡기 위한 북남 토론회, 평양, 2003년 8월 21일.

이영호,〈국호 영문표기, Corea에서 Korea로의 전환과 의미〉,《역사와 현실》

58호, 2005.

이용희 편,《근세한국외교문서 총목: 외국편》, 대한민국국회도서관, 1966.

이진호,《동양을 섬긴 귀츨라프―한국에 최초로 온 개신교 선교사의 일대기》,
　　　에이맨, 1998.

이찬,《한국의 고지도》, 범우사, 1991.

이희수,《한·이슬람 교류사》, 문덕사, 1991.

장영남,〈역사에 묻힌 'Corea'는 국제적으로 공인된 우리나라 국호표기〉, 국호
　　　영문표기에 관한 언어·역사학 연합학술회의, 평양, 2002년 12월 26일.

전상운,《한국과학기술사》, 정음사, 1976.

정성화,《서양의 한국》, 명지대학교 출판부, 2005.

───,〈16세기 유럽 고서에 나타난 한국〉,《역사학보》Vol. 162, 1999.

───,〈17세기 예수회 역사가 로드리게스의《일본교회사》에 나타난 한국 인
　　　식〉,《인문과학연구논총》Vol. 19, 1999.

정용욱,〈19세기 말 20세기 초 외국 문헌에 나타난 우리나라 국호 영문표기〉,
　　　《역사비평》No. 65, 2003.

───,〈서양 고문헌에 나타난 우리나라 국호 표기〉, 국호 영문표기를 바로잡
　　　기 위한 북남 토론회, 평양, 2003년 8월 21일.

정운용 역,《동방견문록―세계사상전집 10》, 을유문화사, 1990.

지그프리트 겐테,《독일인 겐테가 본 신선한 나라 조선, 1901》, 책과함께, 2007.

최남선,《조선상식문답》, 동명사 1946.

케네스 C. 데이비스, 이희재 역,《지오그래피》, 푸른숲, 2003.

태학사 편집부 편,《한국 근세사 론저집, 구한말편》, 태학사, 1982.

프레데릭 불레스텍스, 김정연 · 이향 역,《착한 미개인 동양의 현자 – 서양인이 본 한국인 800년》, 청년사, 2007.

한국교회사연구소,《한국가톨릭대사전》, 한국교회사연구소, 1985.

한국정신문화연구원,《한국사연표》, 동방미디어, 2004.

한상복,《해양학에서 본 한국학》, 해조사, 1988.

한영우 · 안휘준 · 배우영,《우리 옛지도와 그 아름다움》, 효형, 2002.

허종호,〈우리나라 국호의 영문표기를 바로 잡는 것은 겨레의 민족적 존엄과 자주권을 지키기 위한 민족사적 과업〉, 국호 영문표기를 바로잡기 위한 북남 토론회, 평양, 2003년 8월 21일.

홍이섭,〈서울에 왔던 구미인〉,《향토 서울》제1호, 서울시사 편찬, 1957.

영문

Bagrow, Leo, *History of Cartography*, 2nd Ed., Skelton, R. A. Publication: Chicago, 1985.

Boxer, C. R., *Fidalgos in the Far East: 1550~1770*, New York: Oxford Univ Press, 1968.

Cary, Otis, *A History of Christianity in Japan*, F. H. Revell Co., NY London et al, 1909.

Charles R. Boxer, *South China in the Sixteenth Century*, London, Hakluyt Society, 1953.

Chung, Seonghwa, "A Study of 16th century Western Books: The Birth of Image", *Korea Journal*, Vol. 40, No. 3, Autumn 2000.

Denuce, Jean, *Magellan; La question des Moluques et la premiere circum-navigation du globe*, Bruxelles: Hayez. impr. des Academies Royales, 1911.

Du Halde, J. B., *The General History of China*, 3rd ed., London, J. Watts, 1741.

Gompertz, GM, "Some Notes on the Earliest Western Contacts with Korea", *Korea Branch of the Royal Asiatic Society*, Vol, 31, 1948.

Guzman, Luis, *Historia de las Missiones*, Alcalla Gracian, 1601.

Italiano, Istituto, *Lettera Di Giovanni da Empoli Introduction and Notes by A. Bausani*, Roma, 1970.

Jesuits, *Cartas que os Padres e Irmaos da Companihia de Iesus escreverao dos Reynos da Iapao & China aos da mesma Companihia da India & Europa, des do anne de 1549 ate a da 1580*, Evora: M. De Lyra, 1598.

Lach, D. F., *Asia In the Making of Europe*, Univ of Chicago Press, Chicago & London, 1965.

Medina, Juan Ruiz, tr. by J. Bridges, *The Catholic Church in Korea, its Origins 1566~1784*, Roma, Istituto Storico SI, 1991.

Moser, Gerald M, *Korea Report*, Vol. 2 Nr. 1, February, 1962.

Pirez, Thomas, *O Japao no seculo XVI*, O Instituto, 1906.

Rodrigues, Joao, *This Island of Japan*, tr. by Cooper, Michael, Tokyo, New York, Kodansha International Ltd. 1973.

Savenije, Henny, "Korea through Western Cartographic Eyes", www.cartography.henny-savenije.pe.kr.

Shirley, Rodney W., *The Mapping of the World: Early Printed World Maps, 1472~1700*, 4th Edition, Riverside, CT, 2001.

USC Digital Archive-Browse Lightbox View-Sea of Korea Maps.

Corea, Korea

— Tracing the Origin of Corea

and Historical Survey of Corea/ Korea

— Indong Oh, M.D.

Goryo Dynasty in the History of Korea

In the history of mankind, only twice were the Western and Eastern world ruled by one empire. Although short and limited in its expanse, the first was from the Western world by Alexander the Great in the 4th century BC. And the other was from the East by the Genghis Khan's Mongolian Empire during the 13~14th century. Mongolians ruled the vast expanse of the world from the sea of the Mediterranean through the Indian to the Pacific Ocean of the Far East. This unprecedented world order enabled various exchanges of history, culture, art and science between the east and the west.

It was then that a peninsula in the northeastern corner of the Asian Continent began to be noticed by the Western world. A kingdom called **Goryo** (Gori) was in that peninsula, and that Goryo's successor was **Joseon**

(Choson), which is the present day Korea.

A number of countries have co-existed in the northeastern part of China and the Korean peninsula from the 1st century BC, and three kingdoms became prominent in the 6th century. The largest and strongest kingdom, called **Goguryo** ($\rightarrow$ Goryo), was in Manchuria and the northern part of the Korean peninsula. The other kingdoms were **Baekje** in the southwestern region and **Sila** in the southeastern part of the peninsula. Following the fall of Baekje and Goguryo by Sila in the late 7th century, **Valhae** rose on the land of the old Goguryo in Manchuria and Sila persisted in the southern two thirds of the peninsula for another 250 years.

In 918 **Goryo** emerged and took over Sila and expanded its territory to most of the peninsula. The Goryo dynasty thrived for over 470 years and was replaced by the **Joseon** dynasty in the last part of the 14th century. In the early 20th century, the 500-year dynasty of Joseon ($\rightarrow$ Daehan) was annexed by Japan until the end of the World War II in 1945. They were liberated from Japan by the victorious Soviet Union and USA but divided by them as North and South Korea. The North and the South underwent war for unification along with the foreign forces for 3 years(1950~1953), and now has been in the state of ceasefire for 55 years. Koreans want to unify the divided country into one Korea.

Exchanges between the East and the West

It was during the Goryo dynasty that the Mongolian empire was expanding to the East and the Western world. Until this time neither the occidental nor the oriental world knew much about each other. When Mongolians invaded Europe, Roman Pope Innocentius IV and French King Luis IX sent a French friar, Guillaume de Rubruck, to Moenge Khan of Karakorum for the purpose of making peace in 1253~1255. In his journey report he wrote that he saw envoys from an island country beyond the eastern end of China called **Caule**. The Mongolian Chinese people pronounce the word, Goryo written in Chinese as 'kauri' , thus Caule. This is the first time a country in Asia, Goryo, was called and written in the western world.

About 40 years later this word, Caule, appeared again in the famous *Travel of Marco Polo* as **Cauli**. Here Cauli is the same as Caule other than a different spelling. At the court of the Kublai Khan of the Mongolian Empire, Polo saw obedience-pledging delegates from four different regions of greater China. One of them was from **Cauli**, the **Goryo** in Korean word. Here one must understand that a number of Asian countries including Japan and Korea have their own languages, however they also use many Chinese letters. The meaning of a Chinese character is the same for those Asian countries but the pronunciation of that word is different.

The third time the name of Goryo appeared in Western literature was in the Arabic world. In fact, Arabians were the ones who traveled to China early from the 7th century and to Sila in the Korean peninsula from the 9th century. There is an abundance of literature describing Muslims visiting with Sila. Following unification of the Korean peninsula by Goryo, Arabian merchants continued to frequent the peninsula. According to the historical records of the Goryo courts, hundreds of seafaring Arabian merchants visited Goryo kings in the early 1000s.

However, it was not until early 1300s when an Arabian doctor and historian, Rashid al-Din of Il Khan Empire wrote about **Kaoli** rather in detail in his history book, *Jami al-tawarik*. He must have gathered his information about Goryo from the Mongolian Chinese. Thus, Caule, Cauli, and Kaoli are the Romanized and Arabic names of Goryo. Following these indirect and anecdotal descriptions on Goryo (Cauli, Kaoli) in Western literature in the 13th and 14th century, no further information on the Goryo dynasty appeared for another 250 years. With the arrival of the age of navigation headed by the Portuguese in the 16th century, the Joseon kingdom began to be known.

The Age of Discovery

Vasco da Gama of Portugal pioneered a sea route to India by way of the Cape of Good Hope at the southern tip of Africa in 1498. The Portuguese further navigated east toward the Malacca Channel in 1509 and advanced to the Canton area of Southern China in 1513. While the Portuguese were in the Malacca area, several reports described a band of trader-merchants called **Gores**. Among other literature, *Suma Oriental, 1512~1515* by Tome Pires mentioned that the Gores were coming from Leque, the present day Ryukyu Islands. However, other scholars think they were either from Korea or Japan.

The Italian Giovanni da Empoli in the same period described these same people as **Gori** in a letter in 1514. Some Korean scholars today state that the word Goryo was pronounced "Gori" during the Goryo era. Should this be the case, the Gore or Gori people (Gores, Goris) are indeed from old Korea. Unfortunately there are no records of **Gores/Goris** who traveled to the Malacca area in the 15 or 16th century in Korean history. Further studies are warranted in this regard, but this Gore/Gori could be the first Romanized name according to the authentic Goryo.

Thirty years later, the Portuguese advanced further east and arrived at Nagasaki in Southern Japan in 1543, bypassing the old Goryo peninsula on the way to Japan. With the fall of the nearly 500 years of Goryo, the **Joseon** dynasty began in 1392. It is not certain whether Europeans read or remembered the country once vaguely-written-about as Caule or Cauli by Marco Polo. However, it is quite conceivable the Portuguese learned about Joseon from the Chinese or inquired to the Japanese about the land they saw on the way to Japan. Names like "**Caoli**", the Cantonese pronunciation of Goryo written in Chinese letters, and "**Coray**", the Japanese pronunciation of Goryo, began to appear in European literatures and maps during this period. Although the mid-1500s was the era of the Joseon dynasty, it is conceivable that the Chinese and Japanese people would have remembered more of Goryo, which had existed for the past 500 years. Thus Caoli (if learned from the Chinese) or Coray (if heard from the Japanese) was used, rather than Joseon. Europeans began to learn about Joseon not directly from Joseon people but indirectly from neighboring countries.

Mysterious Land: Coray, Corea, Coria, Core, Coree

Up to the middle of the 1500s there were a number of literatures on China and Southeast Asia and Japan, but none of them mentioned Joseon or old Goryo. In a world map by Lopo Homem in 1554 a reverse triangular-shaped peninsula appeared in a region of the northeastern corner of the Chinese continent. This peninsula was suspected of being our country, however it did not bear the name of any country or region. Nor did the Japanese island east of this peninsula. Two following maps by Gerard de Jode in 1555 and Bartolomeu Velho in 1561 showed the peninsula area more definitely in the correct latitude but without a name. And finally, a map by Lazaro Luis in 1563 showed a woman's breast-shaped peninsula in the same area. Although it did not show a name, this author is convinced undeniably that this is the land of Joseon.

In the case of written records, it was not until 1571 that the kingdom of

Coray appeared in a letter report to Rome by a Portuguese Father Gaspar Vilela. He was working in Japan to propagate Catholicism and wrote that within a 10-day sail from Japan there is a kingdom called Coray (the Japanese pronunciation of old Goryo). He was ordered by the Jesuit superior to introduce Catholicism into Joseon. Vilela sent a letter from Goa, India to his superior in the Jesuit Society on November 3, 1571. In it, he wrote briefly about **Corea**, a kingdom between China and Japan, and that he thought Allemania (Germany) is behind this mountainous country of Corea. He never put his feet in the land of Joseon, and he died in Japan.

A Spaniard Father, Martin de Rada, traveled to China and published *Relacion* in 1575. In that, he listed a number of tributary countries of China, including Cauly and Chaussien. Cauly, of course, is old Goryo, like Caule or Cauli. **Chausien** is the Chinese pronunciation of **Joseon**. And this is the first time the correct and current name of the then-kingdom Joseon appears in record. Rada visited the Fukien province of China for several months only and thought Cauly and Chausien were different countries.

An Italian Father Prenestino, whose ship was driven into the coast of Joseon by storm, described the land as **Coria**—as the Portuguese called it — in a letter in 1578. Probably he is the first European to actually see the land of Joseon. Joseon was known to Europeans as a country of barbarians who would detain any foreigners landing on their soil. The ship was able to avoid disembarking in the land of Coray.

Another Portuguese, Jesuit Father Luis Frois, who worked in Japan, wrote "Joseon" as "Coray" in 1586 and in a 1590 letter said that the Portuguese called it **Coria**. Father Frois is the author of *Historia de Japam*, and in it he described our country rather in detail for the first time. He also wrote about Toyotomi Hideyoshi taking power of Japan and his plan to invade China by way of Coray (Imjin Waeran). He also used the name **Corey** in Spanish in his 1591 and 1592 letters.

Later yet, the Portuguese Tsuzu Joao Rodriguez came to Japan in his teens and became a priest. He was most fluent in Japanese and did much as an interpreter and administrator. He later was driven out of Japan to China and wrote about the history of the Church in Japan (English version, *This Island of Japan*). In it he clarified that the Chinese were calling Coria as Caoli, but that the people of that country were calling themselves "**Core**". This description coincides with a Dutchman Jan Van Linschoten's *Itinerary of Voyage ⋯ 1596*, where he wrote Joseon as "Insula de **Core**". A 1595 map by Arnold and Hendrik Langren attached in the book of Linschoten described the island as "**Ilha de Corea**", in Portuguese words. Another Dutch cartographer put "**Core Insula**" in his 1599 'Descriptio Hydrographica'. Rodriguez clarified that he was writing about information he gathered from 1549 through 1590. Therefore he may be the first one to use the name **Core** in literature, which is the name just before it became **Corea**.

In the case of maps, however, **Core** appeared first in 1571 by Portuguese cartographer Fernao Vaz Dourado. In his earlier maps of the Far East, a triangular-shaped peninsula area was written as "Costa De **Conrai**" in 1568. In 1571 and 1573, Dourado's map put "Costa de **Comrai**" in a peninsula shaped like a woman's breast, ala Lazaro Luis. These are erroneous names of Corai which were derived from Couray. I believe that during transcription from literature or earlier maps, the printers mixed up the 'u' and 'n', and later the 'n' and 'm' in subsequent printing. At that time, our country was not recognized as an independent country, so perhaps the peninsula area was written off as a coastal region of the Chinese continent. Europeans did not know much about our country. Yet this is the first time any names were given to this primitively drawn peninsula.

The first time the name "Corea" appeared in the map was in ca 1590 by an Italian cartographer Giacomo Gastaldi/Anonymous. In this map, a long boot-shaped peninsula in the northeastern part of China was described as "Corea". Thereafter, Corea showed up in several other maps as a peninsula-shaped land, including Jacob Langren's 1590 or 1596(?) map and Arnold Langren's 1594(?) maps. However, a Portuguese Jesuit priest in Japan, Luis Teixeira, named an island between China and Japan as "Corea **Insula**" in his 1592(?) map. And finally, in a map by Petrus Plancius, recorded with a definite year of publication of 1594, the name COREA was written clearly inside the long tail-shaped peninsula.

While traveling around the world, the Italian trader-merchant Francesco Carletti arrived in Nagasaki, Japan in 1597 and departed for his home in Firenze in 1598. In his book *Ragionamenti*···, he wrote about a Joseon boy he bought at a slave market in Japan. He named him Antonio Corea and traveled with him for at least 8 years before coming home. He described the Joseon as **Corea** and **Cioscien** (a Korean pronunciation of Joseon, probably learned from Antonio Corea).

Englishman Richard Hakluyt collected huge amounts of navigation reports and letters by Portuguese and Spaniard priests from Asian countries and published *Principal Navigations Voyages*··· in 1598 and 1600. He translated most of the letters into English, and we have read most of the pertinent portions of them regarding Goryo/Joseon in the original version. The information that the Portuguese or Europeans had gathered was from either the Chinese or Japanese people. No one had learned about Joseon directly from the people of Joseon, and the other reports were vague and incorrect, at best. Joseon was a mysterious land or island to Europeans until the mid 17th century.

Settled Name 'COREA'

While no Europeans landed officially on the soil of this mysterious land Joseon, a Spaniard father in Japan, Gregorio Cespedes, came along with the invading Japanese army in 1593. He stayed in a Japanese army fortress near a southern port village of Joseon for over a year without contacting the people of Joseon, hence the lack of any meaningful records of any kind on Joseon. Occasionally there were incidents of forced landing on the coastal regions of Joseon from storms. Such a big incident happened in 1653, when the Dutch ship Sperwer was shipwrecked in front of Quelparte Island (Jeju Island). 36 people survived, including Hendrik Hamel. They were kept in Joseon for 13 years until a band of men and Hamel escaped to Nagasaki in 1666. Hamel's journal was published in 1668. This was the first ever written by a Westerner who had lived in Joseon. He wrote Joseon as **"Coeree"**, **"Tiocen"** and **"Tiocencouk"** (states of Joseon).

During the Goryo dynasty, Europeans wrote her as Caule or Cauli, and Arabians as Kaoli. During the age of geographical discovery from the 1500s, Europeans, headed by the Portuguese, Spaniard and Dutch people called and wrote our country Joseon with many different names. They were: Corea, Coria, Cory, Core, Coreae, Caoli, Corais, Corai, Coray, Couray, Corey, Corei, Corie, Tiocen and Corée in the maps. Further, the following names were used as a secondary description of Joseon in maps: Tiauxen, Tiauxem, Tauxem, Cory, Corij, Chau Sien, Chao Sien, Tchao Sien, and Tschao Sien.

The reason why old Korea was called and written in so many different ways is several-fold. Western and Eastern countries used completely different languages, and uncertain information about Goryo and Joseon was gathered indirectly from neighboring countries. The two names Goryo and

Joseon were written according to either Chinese or Japanese pronunciation. And lastly, several European countries used their own language, which had no strict regulation on spelling words at the time.

The French style name "Corée" first appeared in Jean Boisseau's 1645 map as "La Corée". In literature it was translated into a French edition of Hamel's journey as "Coree" in 1670. Thereafter, Corée was used consistently in all French literature and maps. In the 1600s, Corea, a name derived from the old Goryo, became the most widely used name for Joseon, and in the 1700~1800s **Corea/Corée** became the primary name for Joseon.

Emerging Korea

Then, when did the name "Korea" appear in either literature or maps? According to my search thus far, it was in the German translation of Hamel's Journal where "**Korea**" first emerged, in 1671. This is quite natural for the German language, which uses "K" for a "k" sound. In English versions of Hamel's Journal published in 1704 and 1752, it was Corea, but in 1808~14 it became Korea. The English translation of the French J. B. Du Halde's *General History of Chinese Empire* in 1735 started with Corea, but in 1738~41 it became Korea, too. In the *New General Collection of Voyages and Travels* by the Englishman Thomas Astley published in 1747, the original title of J. B. Regis's essay, which was Corée, became Korea. Even after Korea appeared in 1700s it was used very limitedly.

Korea appeared for the first time in a map made by the Russian Johann Kyrillow in 1734. Englishmen Lovell in late 1730s and Barbut in 1740 used "Kingdom of Korea" in their maps. In 1743, an English cartographer Thomas Kitchin used Korea in his map, and thereafter a few others used Korea.

The author examined altogether over 800 old maps made in Arabia, Europe, America and Asia during the Joseon dynasty. In one of the author's early studies of 140 maps that were published in Europe and America in the 1700s, Korea was used in 24 maps by 16 cartographers. In that study, of the 55 maps published in the 1800s, Korea was only used in 4 maps. Only 2 out of 20 maps that were published in the U. S. used Korea, and rest of the 18 were Corea. England and the U. S. produced 42 out of 55 maps, yet Korea was used in only 4 maps. This is quite a contrast compared to the case of literature, where Korea was used much more in the last decade of 1800s.

According to the bibliographic reference book by Park Daeheon, during the 1600~1700s there were 4 original books that contained information on Corea. They were the Dutchman Hamel's Journal in 1668: "Coree", Italian Carletti's *Ragionamenti* in 1701: "Corea", Frenchman Du Halde's *General History of China Empire* in 1735: "Corée" and another French Admiral La Perouse's *Voyage* in 1797: "Corée". In another series more books including Italian friar Martino Martini's *Bellum Tartaricum* in 1654 and few other translated versions of other authors used similar names.

In the first half of the 1800s, 23 books were published but the original volume was 14 books. Corea was used in most of the books. Out of necessity for Christian fathers and priests for the purposes of evangelism, a number of dictionaries were published. *Dictionaire Coreen-Francais* by Coste et al in 1880 and *Korean-English Dictionary* by J. S. Gale in 1897 were regarded as excellent ones. From this period on, "Korea" was used more and more.

In the second half of the 1800s many more books contained information on Joseon. There were 70 books, and the original was 44 volumes, and 29 had the country name in the title of the book. They were Corea-9, Corée-9, Korea-9, Corea/Cho-sen-1, Choson/Korea-1.

The latter part of the 1800s is the time when the name Corea began to concede to Korea in literature. During the period from 1868 through 1892, 16 books were published, and only 3 books used Korea. However, from 1894 through 1898, 14 books were published, and 7 used Korea. One can see the prevalence of Korea in the last decade of 1800s, and in the 1900s most of the books used Korea.

Among them, books of particular interest were **Corea**, *the Hermit Nation* by William Griffis, in 1882, **Choson**: *the Land of the Morning Calm, A Sketch of* **Korea** by P. Lowell, in 1886.

Among the books in the first decade of 1900s, notable ones were *Korea* by A. Hamilton, 1904, *History of Korea* by H. B. Hulbert, 1905, and *The*

Passing of Korea, 1909, *Daybreak in Korea* by A. L. A. Baird, and *Korea in Transition* by J. S. Gale, both in 1909.

Opening of a Hermit Nation

Interest by the imperial western countries in this last remaining closed country in the Far East grew more and more year after year. In 1866, the U. S. merchant ship General Sherman penetrated deeply through the Daedong River in the Pyongyang northern part of the peninsula, asking for trade. The Joseon government refused, as had been the policy, however the ship penetrated even further, against advice. Then the Joseon military sank the ship and the 24 aboard were killed. The western world's reports and papers described the country of Joseon in this incident as 'Corea, Korea or Chosen'.

In the same year, the French navy, in retaliation for the Joseon government's execution of French Catholic fathers who were secretly propagating Catholicism to the people, occupied Ganghwa Island for 40 days. There was much fighting, and the French withdrew but confiscated many valuable cultural assets and records from the national archives. In this military conflict (ByungIn YangYo) Joseon was recorded as "Corée" on French side.

In 1871, in retaliation for the sinking of the General Sherman earlier and to force opening of the country for trade, the U. S. invaded Ganghwa Island and killed 350 Joseon people. When met with strong resistance from the

Joseon military and civilians, the U. S. ship withdrew. This conflict (ShinMi YangYo) was recorded as the "Corean War" on the U. S. record.

In 1875, Japan, who had earlier experienced 'gunboat diplomacy' from the U. S., used in turn the same forceful means on Joseon in order to open her up. Japanese warships bombarded Ganghwa Island near the capital city of Seoul. Following a successive series of these kinds of conflicts with foreign countries, Joseon decided to open ports to the outside world. Thus, the first official diplomatic document was signed with Japan in 1876.

COREA in International Diplomatic Documents

The Romanized name of Joseon used in the official diplomatic documents such as treaties, agreements and memoranda is different from literature or maps. In literature and maps, use of the name of a country is by the will of individual authors according to their knowledge. In a diplomatic document, however, both sides have to agree before signing on behalf of the respective country. So, the name used in international diplomatic documents can be construed as the official designation of the country's name.

There are 11 countries Joseon and Daehan signed treaties with from 1876~1902. In those treaties, the official Romanized name of Joseon and Daehan was Corea with most of the countries. However, Korea was used with Germany, Austria and China, and Corée with France, Belgium and Denmark. Even though Korea was used in the title of the treaty, "Corea" was used in the content of the treaties. In most of the international commercial documents, Corea was used.

In cases of internal documents inside each legation, for instance, the U. S. legation in Seoul, different ministers used Corea sometimes and at other times Korea. Toward the end of the 1800s Korea was used more often, and in the 1900s only Korea was used until the closure of the legation in 1905. In the case of the British legation, Corea was used exclusively from the beginning to the closure of her consulate general. Other European countries used the same Romanized name as in the treaties for their internal documents. They used Corea in Italian, Corée in French, and Korea in German legations, etc.

In 1897, the government of Joseon decided to make its king an emperor and changed the name of the country to **Daehan**. They sent notice in Chinese to all foreign legations stationed in Seoul. The government of Joseon however did not specify the new Romanized name of Daehan.

Each legation acknowledged the receipt of the notice on the change of the country name to Daehan (each in a slightly different spelling) and responded back to the Joseon government, both in Chinese and in their own languages. They used the same Romanized name such as: "Emperor of Corea" in the case of the U. S., Great Britain and Italy; "Empreuer de Corée" in France; and "Kaiserlichen Korea" in Germany.

Thereafter until the demise of the Daehan Empire in 1910, the author did not find any official documents in Latin languages containing the name Daehan or any other spelling. And in subsequent international agreements and memorandums made since 1897 with other countries, Corea was used continuously. Thus, the legacy of Corea persisted until Daehan was annexed by Japan in 1910.

In the case of diplomatic memoranda and documents among the third countries related to Joseon or Daehan, Corea or Corée was used, except two occasions where Korea was used. One was the Taft-Katsura Agreement on July 29, 1905. Taft was the Army Secretary of the U. S., and Katsura was the Prime Minister of Japan. Both countries secretly agreed to recognize Japan's suzerainty over Korea and that of the U. S. over the Philippines. And the other was again between the U. S. and Japan, regarding their respective rights on the protection of their inventions in Korea.

After Japan's victory over Russia in the 1905 war, Japan coerced Daehan to agree on a treaty of protection by Japan on November 17, 1905. The treaty was written only in Korean, Chinese and Japanese. Japan sent notice to 9 countries in regard to this treaty as follows:

Memorandum Appended to the respective Notes addressed from Japan to Great Britain, The United States, France, Germany, Austro-Hungary, Italy, Belgium, Denmark and China regarding the Convention of 1905, between Japan and **Corea**.

The emperor of Daehan sent a letter to U. S. president Theodore Roosevelt protesting that this treaty with Japan was coerced and that it should be negated. The emperor was not aware of the secret Taft-Katsura Agreement signed 10 weeks earlier. Japan coerced yet another new convention on Daehan in 1907. The same kind of memorandum was sent to those countries as in the case of 1905 regarding this convention of designating Daehan as **Corea**. The fate of Daehan as a sovereign state was at stake.

A patriotic Daehan youth, Ahn Joonggeun, shot to death Ito Hirobumi of Japan, who had initiated all these aggressions towards Daehan, at the train station in Harbin, Manchuria on October 26, 1909. This assassination was reported in many U. S. and European newspapers along with the background history. Daehan Empire was written as Corea or Korea in the U. S., Corée in France, and Korea in Germany.

End of Joseon/Daehan and Corea to Korea

Finally, in 1910 Daehan was annexed to Japan, and Japan sent notice to those 9 countries as before on this annexation. However, this time Daehan was written as **Korea**, not **Corea** as it had been before: 〈Declaration as to the Annexation of **Korea** to the Empire of Japan〉

According to diplomatic records of Japan, Japan changed all the written names of Corea to Korea in advance of annexation. In addition Japan changed the country name of Daehan to **Chosen**. Since colonizing Daehan,

Japan forced it to use only Chosen to the outside world. Daehan was no longer Corea or Korea.

Under imperial Japanese rule there was ceaseless movement and struggle against Japan by the Joseon/Daehan people to reclaim independence in and out of the Corea/Korea peninsula. The independence movement of March 1, 1919, was described as the "Korean Independence" movement. A provisional government in exile was established in Shanghai, China in 1919. It was called either ⟨Provisional government of **Corea**⟩ or ⟨Provisional Government of the Republic of **Korea**⟩.

Two Koreas: North and South

Throughout the two World Wars, Germany, Great Britain and the U. S. became prominent powers in the world. More and more, Korea was used as the Romanized name of Corea in the 20th century. At the end of the World War II in 1945, Corea/Korea was liberated from Japan. However, the northern half was occupied by Russia and the southern half of the peninsula by the U. S. In spite of concerted efforts by Coreans/Koreans to establish one country as they had been in the past 1,000 years, they could not overcome the ideological barrier between the communist North and capitalist South. The country was divided and two separate governments were established in 1948.

The official Romanized name of the southern government became

⟨Republic of Korea (ROK)⟩ and that of the north ⟨Democratic People's Republic of Korea (DPRK)⟩. The southern government adopted the country name "Daehan" in Korean language, and the north side took "Joseon". However, both sides have been using "Korea" for their English name. The North and South underwent an internecine struggle of war for unification during 1950~1953 and are now in the state of cease-fire with the armistice agreement. Over 55 years later, the state of war has not yet been replaced by a peace treaty among the signatories of the armistice agreement.

In 1980, North Korea proposed to South Korea a unification formula for creating a "Confederate Republic of Koryo". The North did not use the name Korea, they proposed 'Koryo', the old 'Goryo' dynasty discussed in this essay. Years later in 1989, South Korea proposed a unification scheme of "Han (Korean) National Community" initially but changed its name to "National Community" in 1993. The South dropped the name 'Han'. The North knows that the South would not accept "Joseon", the state name of the North, as the name of the unified country. Likewise, the South knows that the North would not accept "Han" or "Daehan". The reason why the North proposed the third name "Koryo" was to avoid such a for-sure conflict between the two.

Judging from the negative reaction to "Koryo" from the people of the South, it will not be easy to agree upon for quite some time.

A Country Name on the way to Unification

The author seriously thought about the problem of the name to be used for the fatherland on the way toward peaceful unification, and proposed that the name be Korea for the Romanized name in 1996. The name Korea has been used officially by both the North and the South since the division of the country, and it is widely known to the world that it would be acceptable to both sides. The author also suggested that the Hangeul (Korean language) name be "koria" (in pronunciation) for the time being. When the two unified completely, a new permanent name could be decided by the will of all Koreans if any.

This proposal was incorporated as a chapter, 'Unification Scheme' and compiled as part of the author's monograph, "A Perspective on Unification of Fatherland" in 1997. This author is a fellow of the Korea-2000, a Korean American think-tank on Korean unification based in Los Angeles. In the latter part of 1997, the leader of North Korea, Kim Jongil became Secretary General of the Korea Workers Party, and in the south, Kim Daejoong (who has long been devoted to the unification issue) was elected president of South Korea. Aspiration for reunification of the half-century-old division was ever more heightened. Following a series of extensive and intensive discussion and review of the Korean issues, fellows of the Korea-2000 completed a comprehensive report, "A Proposal for Unification Policy to the Leaders of the North and South".

In January 1998 this author hand-delivered the aforementioned "Korea-2000 Report" to the South and North Korean authorities in Seoul and Pyongyang respectively. The above described monograph of this author was also delivered to them in a separate cover at that time. Two years later in the year 2000, the historic first-ever North-South Summit Meeting took place, after over 50 years of division and animosity. We witnessed the North-South Joint Declaration of June 15. It seemed the North and the South were steadily moving toward an era of reconciliation and cooperation for eventual unification.

In the year 2002, South Korea hosted the World Cup Soccer with Japan, and the Korean team was winning game after game for the first time. All Koreans in and out of the Korean peninsula were excited. In that frenzy of joy, tens of thousands of banners and logos bearing our original Roman name COREA swept the stadiums and streets of Korea everywhere. Koreans in Korea and outside of Korea were singing and chanting Core, Corea!

Corea! It struck my head. It changed my mind about the country's name for unification the author wrote 8 years ago. Not Korea but Corea. Corea for the Roman name of the to-be-unified fatherland. And korea (in pronunciation: 꼬레아) for Hangeul name.

Chanting of "Corea" was an outcry of the Korean people for unification of the long divided country. It was an outcry for One Corea, for which every Korean has been longing for more than half a century. A Unified

Corea where there will be no more separated families and no more animosities. And a New Corea where there will be sustained peace in the peninsula, Northeast Asia and the world. A One Corea that will contribute to the happiness of human beings of the world.

Epilogue: COREA for the Unified Fatherland

Thus my research in tracing the origin of Corea and historical survey of Corea to Korea began. As my study on Corea was progressing I became further convinced that "COREA" will be agreeable to the North and the South as the Romanized name for the unified country. The name "COREA" has much historical significance. Corea is the other name of our long proud "Goryo" dynasty from the 2nd century BC. In fact the old large and strong Goguryo in Manchuria and the northern part of the Korean peninsula. changed its name to Goryo in 423 AD. And the late Goryo in 900s succeeded the earlier Goryo until taken over by Joseon in late 1300.

The long history and tradition of Goryo spirit spans over 1,200 years. It was the first Latin name used since our peninsula began to be noticed by the Arabians and Europeans from the 9th century. The late Goryo had been rediscovered since the 1500s by Europeans during the Joseon dynasty. Even the people of Joseon remembered mostly Goryo, and the Latin names Gore, Gori, Core, Corij, Coria and Corea have come into the Western literature and maps.

Thus, the name Corea in Latin has its roots from the BC era, and our fore-fathers of Joseon adopted **Corea** as the official Romanized name in all inter-national diplomatic documents. When the Joseon government changed its country name to Daehan, it did not change **Corea**. The same Corea was used in treaties with other countries during Daehan dynasty. **Korea** became prevalent over **Corea** in the beginning of the 20th century. Since the coerced annexation by Japan, we lost our historical state name of Corea. Japan legalized Corea to "Chosen", the Japanese style pronunciation of Joseon. 40 years later Korea was liberated from Japanese rule by the allied powers but divided into northern and southern halves by the U. S. and Soviet Union in 1945.

Following futile efforts by the nationalists to establish a unified govern-ment, two separate regimes were founded, both bearing the Romanized name of Korea without prudent historical consideration of naming the state. The last 100-year history of **Korea** has been tainted with humiliation and disgrace. As we've entered the 21st century, however, our fatherland has accomplished an unprecedented economic development, and we are marching towards a democratic society of freedom, equality and welfare. All these noble values will shine brilliantly only after unification of the divided North and South. One proud nation with the rest of the world! I believe people of the North and South will be happy to reinstate the original name of Corea to the new nation.

Corea—it is easy to verbalize, phonetically natural to pronounce by Koreans, pleasant sounding, and word Corea looks noble and precious. It is high time to reinstate our long history-laden name COREA.

The chanting of Core, Corea is still lingering in my ear.

Oh! Tong Il Corea. ~ , Oh! Tong Il Corea, Core, Corea!

A name for the peacefully unified North and South, COREA!

There has been the North-South Joint Academic Conference on the COREA issue among scholars and historians since 2003. The author's essays on Corea were presented at numerous unification symposia internationally and published in *Shindonga*, an authoritative monthly magazine in Korea 2003. Research articles by this author were also published in a quarterly magazine, "Hanminjok Forum" in the US, and in quarterly history journals, "Yuksabipyung" (Critical Review of History) and "Naeyuk" (Open History) in Korea.

1960년대 한국에서 의과대학을 마치고 분단의 최전선, 철의 삼각지 철원 DMZ에서 군의관으로 복무한 바 있다. 그 시절, 병사들과 함께 서해에서 동해에 이르는 휴전선 250킬로미터에 철책과 콘크리트 장벽을 쌓던 피와 땀과 눈물에 젖은 노역을 〈아듀! DMZ〉라는 수기로 기록해놓기도 했다. 분단의 비애를 그냥 받아들였을 때였다.

그 후 미국으로 유학 와서 정형외과 수련을 마친 후 하버드 대학병원(Massachusetts General Hospital) 교수진에 임명되어 고관절염 환자의 인공관절 수술과 관절 기기 고안 연구에 몰두했다. 발명 특허를 받은 나의 관절 기기는 널리 쓰였고 고관절학회의 학술연구상도 여러 차례 받았다. 그렇게 해서 시작된 강연과 시술 여행으로 세계를 분주히 돌아다니다보니, 어느덧 떠나온 조국에 대한 생각은 멀어져만 갔다. 그러나 강연이나 수술 후 사적인 자리에서 어김없이 받은 질문은 내가 어느 나라 사람이냐는 것이었다. 그래, 나는 한국인이다. 어느 날 문득 이렇게 깨달은 나에게 멀어졌던 조국이 다시 가까이 다가오기 시작했다.

세계 여러 나라에 초청을 받아 다녔어도 그때까지 가보지 못한 곳이 북한이었다. 그런데 남북 간 왕래가 불가능했던 1992년, 재미한인의사회 북한방문대표단의 일원으로 중국을 거쳐 북한을 방문할 수 있었다. 평양에서 강연도 하고 그곳 의료계의 현장도 둘러보았다. 조국의 또 하나의 반쪽을 보고 분단이 우리 민족에게 엄청난 희생을 주고 있는 현실을 실감했다. 서울을 둘러서 다시 미국으로 돌아오는 비행기 속에서 착잡한 생각이 오갔다.

한반도에 크나큰 영향력을 행사하는 미국에 살면서, 조국과 해외의 한인들이 올바른 역사 인식과 시대정신을 갖는 것이 필요한 일이라고 느꼈다. 환자 치료와 의료 기기 개발에 바쁜 와중에도 틈틈이 조국의 근현대사를 차분히 읽어보았고, 분단과 한국전쟁 사료를 특별히 살펴보기 시작했다. 1990년대 후반부터는 로스앤젤레스 한인 사회의 뜻있는 분들과 함께 Korea-2000이라는 통일 연구 모임을 만들어 분단 극복과 통일 문제에 대해 토론하며 글도 썼다. 그리하여 1997년 그동안 발표한 글들을 모아 《조국 통일과 남북 간의 근본 문제들》이라는 제목으로 논문집을 엮어냈다. 그중 〈남과 북 통일 방안의 비교 고찰〉에서는 통일로 가는 단계에서 써야 할 국호, 국기, 국가에 대한 소견도 펼쳤다. 국호의 경우 남과 북이 서로 합의하기 어려운 '대한'이나 '조선' 대신에 'KOREA-코리아'를 쓰자고 제안했다.

1997년 말, 북측에서는 김정일 비서가 노동당 총비서에 취임했고 남측에서는 통일에 대해 꾸준히 연구해온 김대중 후보가 대통령에 당선되었다. 새 시대가 열린 것이다. Korea-2000의 연구위원들은 남과 북 지도자에게 보내는 통일 정책 건의서를 작성했다. 1998년 1월 나는 서울로 가서 새로 탄생할 김대중 정부의 요로에, 그리고 곧바로 평양으로 가서 김정일 정부의 요로에도 이 건의서를 전달했다. 나의 통일 논문집도 그때 양측에 전했다.

그리고 2000년, 나라의 통일을 우리 민족끼리 자주적으로 이루자는 6·15 남북공동선언을 미국에서 가슴 뜨겁게 지켜보았다. 그런데 2년 후, 조국의 월드컵 축구 경기장에 물결치던 'COREA'는 나에게 남다른 의미로 다가왔다. 통일 조국의 국호는 KOREA가 아니라 COREA로 해야 한다는 생각이 들기 시작했다. 이 연구는 이렇게 시작되었다.

내가 시작한 연구의 결과를 2003년 4월 독일 베를린에서 열린 세계한 민족포럼에서 처음으로 발표했다. 한국에서는 Corea 국호 되찾기 운동이 일어났다. 북쪽에서도 이에 대한 활발한 연구가 진행되고 있다는 소식이 들려왔다. 같은 해 8월에는 로스앤젤레스에서 열린 통일한마당 학술 세미나에서 〈통일로 가는 길에서 나라 이름은 Corea로〉를 발표했다. 2003년 한국의 종합 월간지 《신동아》 11월호에 처음으로 Corea의 연원에 관한 글을 발표했다.

2003년 8월 21일 평양에서 열린 '국호 영문표기를 바로잡기 위한 북남 토론회'에 참석한 남측 대표 강만길 교수는 토론회 석상에서 나의 논문을 배부했다. 그때 발표된 남측의 두 논문과 함께 나의 논문 〈통일 국호는 'Corea'로〉가 그해 역사 계간지 《역사비평》 겨울호에 실렸다. 이즈음

나는 한국에서 준비 중이던 'Corea 되찾기 운동'의 고문으로 추대되기도 했다.

나의 탐구가 계속 진전됨에 따라 이전에 발표한 논문에 미흡한 점과 잘못된 점들이 발견되어 계속해서 보완해나갔다. 그 결과를 2004년 6월 베트남 호치민 시에서 열린 한반도 통일연구회 국제 학술토론회에서 발표했다. 이 논문은 그해 한국의 역사 계간지 《내일을 여는 역사》 겨울호에 게재되었다.

원래 나의 역사 탐구는 700년대 신라의 승려 혜초가 아랍에 다녀온 기록을 남기고 서방 사람들로서는 처음으로 9～10세기 신라(Sila)를 왕래한 이슬람교도들의 기록에서부터 시작되었다. 11세기에 고려를 다녀간 아랍 상인들의 기록도 살펴보았고, 몽골 제국의 등장으로 시작된 동서 문화와 지도학의 교류로 조선 왕조 초기에 훌륭한 세계지도가 출간된 사실들도 살펴보았다. 이러한 역사의 편린들은 《한민족포럼》 2005년 여름호에 발표했으나, 로마자 국호에 집중한 이 책에는 포함시키지 않았다.

나는 이 책에서 서양인들이 우리나라를 부르고 그린 1,000년 역사의 기록을 살폈다. 그리고 통일 조국으로 가는 과정에서 로마자 국호는 'Corea'로 다시 돌아가는 것이 바람직하다는 결론을 얻었다. Corea만큼 역사적 정당성과 보편성을 가지는 로마자 국호는 없다. 남과 북이 쉽게 동의할 수 있는 국호이기도 하다. 현재 한글 국호의 경우는 서로 동의하기도 또 새로 정하는 것도 어려울 것이니 잠정적으로 '꼬레아'로 쓰는 것에 동의할 수 있다고 본다. 어차피 완전통일단계에서 전 민족의 의사에 따라 결정될 문제이기 때문이다.

20세기에 Korea로 바꾸어 쓰이기 시작하며 일제에 강점되고 미국과 소련의 이념대결에서 남과 북으로 갈라지면서 Korea로 굳어졌다. Korea로 쓰인 지난 100년은 우리 민족에게는 수난과 수치가 강요된 역사였다. 이제 21세기, 'Korea'의 역사는 청산하고 몇백 년의 풍상을 우리 민족과 함께 겪어온 'Corea'를 되찾아 우리 뜻대로 쓴다는 것 자체가 민족사적 긍지를 느끼게 해줄 것이라 확신한다. 이 자그마한 역사적 고찰이 통일 국호가 Corea로 채택되는 데 필요한 자료가 될 수 있길 바란다.

이번 연구는 시작에 불과하다. 모쪼록 이 부족한 책이 앞으로 국호를 연구하는 많은 연구자들에게 조금이나마 길잡이 역할을 해주기를 바라 마지않는다.

꼬레아, 코리아
—서양인이 부른 우리나라 국호의 역사

1판 1쇄 2008년 7월 4일
1판 2쇄 2008년 10월 15일

지은이 | 오인동
펴낸이 | 류종필

기획위원 | 박은봉

편집 | 김연아, 양윤주
교정 | 강창훈
마케팅 | 김연일
경영관리 | 장지영

디자인 | 이석운, 김미연

펴낸곳 | 도서출판 **책과함께**

주소 | 서울시 마포구 서교동 373-5 동우빌딩 2층
전화 | 335-1982~3
팩스 | 335-1316
전자우편 | prpub@hanmail.net
블로그 | blog.naver.com/prpub
등록 | 2003년 4월 3일 제6-654호

ISBN 978-89-91221-36-9 (03900)